ullstein

Das Buch

Sind wir wirklich ein Volk, wir und die da drüben? Auf seinem Gewaltmarsch 234 Kilometer entlang der ehemaligen Grenze rund um Berlin trifft Hobby-Ethnologe Martin Sonneborn auf sonderbare Lebensformen, die nur im Schatten der Mauer gedeihen konnten: sentimentale Generäle mit eigenem Bunker, stockbetrunkene Kapitäne, die keinen großen Unterschied zwischen Hitler, Honecker und Merkel machen, rosenzüchtende Pitbull-Besitzer und mäßig gewaltbereite Jugendliche, die Wessis drei Meilen gegen den Wind wittern.
Gemeinsam mit Hobby-Filmer Andreas Coerper hat Sonneborn aus dem Material seiner disparaten Reiseaufzeichnungen und zahllosen Erinnerungslücken ein Buch zusammengestellt, das den mühsamen Prozess der deutschen Wiedervereinigung um Jahre zurückwirft.

Die Autoren

Martin Sonneborn, geboren in Göttingen, war Chefredakteur des Satiremagazins *Titanic*. Seit 2006 leitet er die Satirerubrik *Spam* auf *Spiegel Online*. 2004 gründete er DIE PARTEI.

Andreas Coerper, 1955 geboren in Düsseldorf, ist Autor und Dokumentarfilmer. Seit 1990 produziert er satirische Filme für *Extra 3, RTL-Samstag Nacht, Privatfernsehen* und die *ZDF-Heute Show*.

Martin Sonneborn
mit Andreas Coerper

Heimatkunde

Eine Expedition in die Zone

Ullstein

Besuchen Sie uns im Internet:
www.ullstein-taschenbuch.de

MIX
Papier aus verantwortungsvollen Quellen
FSC® C006701
FSC
www.fsc.org

Ungekürzte Ausgabe im Ullstein Taschenbuch
1. Auflage Juni 2012

Umschlaggestaltung: ZERO Werbeagentur, München
Titelabbildung: plainpicture/B.O.A.
Satz: LVD GmbH, Berlin
Gesetzt aus der Garamond
Papier: Pamo Super von Arctic Paper Mochenwangen GmbH
Druck und Bindearbeiten: CPI – Ebner & Spiegel, Ulm
Printed in Germany
ISBN 978-3-548-37442-0

»Sicher ist,
dass nichts im anderen Teil Deutschlands
wieder so werden wird,
wie es war.«

Willy Brandt

INHALTSVERZEICHNIS

11 Der General

22 Der Inder

27 Der Holländer

34 Der Nackte

42 Das Musterhaus

50 Nordic Walking

54 Der Bürgermeister

62 Der Mann am Flughafen

67 Der Pool

74 Pension Schwalbe

87 Der Fleischer

95 Der Berliner

102 Trabbimann

115 Die Zwillinge

122 Der alte Mann und der See

128 Kapitalismus vs. Kommunismus

136 Steinesammler

143 Dorfjugend

150 Eberhard

163 Der Laden
168 Malibu Dreams
175 Go East!
183 Herr Paulchen
197 Eine Frau und drei Männer
206 Die Himmelspagode
209 An der Tankstelle
214 Der Invalide
222 Die Asylanten
231 Der Imbiss
237 Gärtner Schmidt
250 Der Gottsucher
256 Das Rentenproblem
261 Am Teepavillon

Wir danken den 16 oder 17 Millionen DDR-Bürgern, die 1989 auf die Straße gegangen sind, ohne sie hätte dieses Buch niemals entstehen können.

Berlin (West) im Herbst 2010,

Andreas Coerper · Martin Sonneborn

DER GENERAL

»Herr General, wandern Sie gerne?«

»Ich gehe gerne lange spazieren, so zwei Stunden oder so, das ja.«

»234 Kilometer, einmal um Berlin herum, würde Sie das reizen?«

»234 Kilometer?«

»Ja. Einmal entlang der alten Grenze ...«

Ich stand im Garten des ehemaligen brandenburgischen Innenministers Jörg Schönbohm. Genaugenommen stand ich

Ich versuche von Anfang an, auf Augenhöhe mit Schönbohm zu verhandeln.

zwischen dem mit imposanten buschigen Augenbrauen bewehrten General a. D. und der ehemaligen deutsch-deutschen Grenze auf der Wiese hinter dem Haus der Schönbohms. Frau Schönbohm und eine resolute Pressebeauftragte warteten ein wenig abseits und diskutierten über ein paar hässliche Keramikfrösche, die über den linken Teil des Anwesens verteilt waren.

Ich wollte den General um militärischen Begleitschutz bitten. Die Expedition, die ich plante, sollte mich in weitgehend unerforschtes Gebiet führen. Ich hatte mir vorgenommen, einmal um die deutsche Hauptstadt zu wandern und herauszufinden, ob und was für Leben sich an der Peripherie des neuen deutschen Machtzentrums entwickelt hatte. Und das bedeutete 234 Kilometer Fußmarsch durch die Zone. 234 Kilometer durch ein Gebiet, das kaum je ein Mensch betreten hat. Einmal abgesehen von den Menschen, die dort wohnen müssen.

Den Plan zu meiner Expedition trug ich mit mir herum, seit ich den früheren SPD-Vorsitzenden Hans-Jochen Vogel in Niederbayern hatte wandern sehen. In Kniebundhosen, grobgestrickten Wollsocken und Trachtenjanker gab er dabei das unvergessliche Bild eines gutmütigen Landesvaters ab, der sich wohlwollend in seinem Reich umschaute. Zu Fuß. Bewusst hatte er auf seine Stretchlimousine verzichtet, auf den Komfort getönter Panzerglasscheiben, auf die Minibar, auf seinen Chauffeur mit der verspiegelten Sonnenbrille und die Klimaanlage mit Außenluftfiltersystem, die üble Gerüche fern- und eine wohltuende Distanz zur Außenwelt aufrechterhält.

Ich hatte ihm lange nachgeschaut, damals. Und gestaunt, wie schnell Landesväter kleiner und kleiner werden können, um schließlich ganz am Horizont zu verschwinden. Das Bild hatte sich tief in meine Retina gebrannt.

Jetzt hatte ich selbst meinen Rucksack geschultert und mich auf den Weg gemacht. Denn der Wandernde profitiert wie kein anderer von den Zusammenhängen zwischen Raum, Zeit und Perspektive: Der Lärm der Welt, an der er langsam vorüberzieht, verklingt hinter seinen Wanderschuhen und bildet ganz von selbst den Stoff, den man Geschichte nennt.

Zum Haus des Ex-Generals führte eine staubige, mit Schlaglöchern übersäte Piste aus schmutzig grauem brandenburgischem Sand. Beherrscht wurde sie von einem Container. Besser gesagt von der Miniaturausgabe eines Containers: einem telefonhäuschengroßen Behälter aus kieselfarbigem Trapezblech mit einer Antenne auf dem Dach und einem kleinen Fenster hin zur Straße.

Schönbohms Pressedame, mit der ich mich auf diesem Sandweg um 10 Uhr morgens verabredet hatte, war nirgends zu sehen. Um nach ihr zu fragen, klopfte ich an die Tür des Containers, die von einem dicken Polizisten geöffnet wurde. An seinem Bauch vorbei konnte ich in den Container spähen und feststellen, dass der winzige Sicherheitsstützpunkt zusätzlich zum Beamten noch Raum bot für einen Stuhl, einen Kleiderhaken und einen Transistorempfänger. Somit konnte der Beamte die Sicherheitslage auf dem Sandweg vor Schönbohms Haus in bequemer Sitzposition überwachen. Der zentrale Teil seines Dienstauftrages war offensichtlich die Auskunftsverweigerung, denn auf alle meine Fragen gab er nur zurück: »Eine Ausgunft gonn isch Ihnen leidor nischt jeben.« Dann schloss der Wachmann die Tür seines Schutzbehälters mit resolutem Gestus.

Ein halbes Dutzend unscheinbarer Wohnhäuser lag an diesem Sandweg. Die genaue Lokalisation des Schönbohm'schen Anwesens war also nicht ohne weiteres möglich, und ich begann, die Klingelschilder der umliegenden Häuser zu studieren. Fünf Schilder trugen irgendwelche Allerweltsnamen, nur das Haus, vor dem ich stand, hatte kein Klingelschild. Während ich noch dabei war, einen Schluss aus diesen Fakten zu ziehen, bog das Saab-Cabrio der Schönbohm'schen Pressedame um die Ecke.

Die Öffentlichkeitsarbeiterin überschüttete mich mit Entschuldigungen für ihre Verspätung und schob mich durch das Gartentor, vor dem ich stand. Lage, Anlage und Gestaltung des Schönbohm'schen Hauses, das bemerkte ich jetzt, waren das Ergebnis eines subtilen, militärisch-strategischen Kalküls. Hinter einer niedrigen Gartenmauer duckte sich ein Einfamilienhaus. Der schmutzig graue Klinker der niedrigen Außenwände verschmolz jedoch auf so überzeugende Art und Weise mit dem schmutzig grauen Sand, dass jeder Angreifer achtlos daran vorüberzugehen geneigt wäre. Das Schönbohm'sche Hauptquartier war so unscheinbar, dass ich vermutete, selbst geladene Gäste, Parteifreunde und Verwandte würden es immer wieder übersehen und sich in der brandenburgischen Sandwüste verlieren. Auch das mittelmäßig geneigte Krüppelwalmdach verriet rein gar nichts über den stählernen Geist, der immer noch unter der

Schädeldecke seines Eigentümers hauste. Dass sich unter der Einfamilienhaustarnanlage vermutlich ein verwirrendes Labyrinth aus Bunkern, Schächten, Fluchttunneln und atomaren Langstreckenraketen-Abschussanlagen verbarg, blieb dem Auge des Betrachters absolut verborgen. Der Hausbesitzer erwartete uns im Garten.

»Guten Tag, Herr General, Sonneborn.«

»Tag auch.« Schönbohm empfing mich in Zivil, er trug einen dezent gemusterten blauen Pullover. Ich hatte beschlossen, ihn mit »Herr General« anzusprechen, weil ich in der *FAZ* gelesen hatte, dass er das mochte. Und dass er seinen militärischen Ruf pflegte, auch durch seine Wortwahl, dass er gern von »Attacke« oder »freiem Schussfeld« sprach und zur Erheiterung seines Publikums auch »Achtung!« zu brüllen vermochte, laut genug, um einen ganzen Kasernenhof in Duldungsstarre zu versetzen.

Im Berliner Speckgürtel ist ein ökologisch höchst wertvoller Lebensraum entstanden.

»Sie wohnen ja hier direkt am ehemaligen Eisernen Vorhang«, eröffnete ich.

»Ja, also hier, kann ich sagen, da, wo der Zaun ist, da war die Mauer.«

Da, wo die Mauer gestanden hatte, stand jetzt ein vom Hausherrn errichteter Gartenzaun. Genauer gesagt ein Mäuerchen mit einem feuerverzinkten schmiedeeisernen Zaun obendrauf. Dahinter lag ein ausgedehnter, mit Gestrüpp und Bäumen durchsetzter Sumpf. Eine mit strategischer Weitsicht gewählte Lage: General Schönbohm hatte von seinem Zierrasen aus einen ausgezeichneten Blick auf den Sumpf und die im Osten anschließenden Tümpel, und ein Vormarsch zorniger Zonenbewohner auf das Schönbohm'sche Eigenheim würde ohne Zweifel schon im Morast vor dem Gartenzaun zum Stehen kommen.

»Gute Güte.« Ich deutete auf die trostlose Sumpflandschaft vor uns. »Ist das ein Fluss? Eine Sickergrube? Eine Überschwemmung? Oder was sehen wir da gerade?«

»Das war ein Regenrückhaltebecken. Hier, wird ein strammer Winter, gucken Sie mal, ein Eichelnest«, entgegnete der General und zeigte irgendwo in den Sumpf. Ich hatte noch nie ein Eichelnest gesehen und konnte auch jetzt keins entdecken. Zwei Enten flogen von rechts in mein Blickfeld, und pflichtschuldig meldete ich sie. »General! Enten im Anflug! Auf zwei bis drei Uhr!«

»Au, Enten, jaja«, antwortete der alte Mann im blauen Strickpullover neben mir. »Also hier, wir haben das Haus ja 1995 gekauft, als es leer stand, und hier war die Mauer.«

Ergriffen stand ich vor dem Streifen, auf dem einst die Mauer gestanden hatte: »Hier war quasi die Mauer, die uns vor den schlechtgekleideten Horden aus dem Osten ge…«

»Dieses hier nicht!«, unterbrach mich der General. »Das haben wir jetzt neu angelegt, dahinter war die Mauer. »

»Das heißt, das hier war Osten?«

»Hier ist Osten, da drüben ist Westen. Obwohl, wir sind westlich von Berlin, aber das war Osten. Und das hier«, sein Arm beschrieb mit sparsam preußischer Bewegung einen Bogen, »das ist Buschgraben, Naturschutzgebiet. Im Zuge der Mauer sind hier alle möglichen verschiedenen Gräser gewachsen, Enten, Blesshühner, Frösche, Mücken.«

Offensichtlich hatte noch viel mehr Leben von der Mauer profitiert, als ich bisher auf der Rechnung hatte.

»Apropos gewachsen, mussten Sie jemals Ihre Augenbrauen stutzen in militärischen Diensten?«

»Nein«, Schönbohm schüttelte den Kopf, »es gab einen Haar- und Barterlass. Also so schlampig, wie Sie jetzt mit dem Bart herumlaufen, das wär bedenklich gewesen.«

Was hatte der Mann, ich hatte mich vor drei Tagen frisch rasiert. »Herr General«, wandte ich ein, »wir wollen uns nicht beleidigen in diesem Stadium unseres Gesprächs!«

»Nein, also, lange Rede, kurzer Sinn: Die Frage hat sich nie gestellt. Und wenn ich sie jetzt abschneiden würde, dann würden die Leute sagen, was ist denn nun los, der hat sich die Augenbrauen abgeschnitten. Jetzt ist es, wie's ist.«

»Aber«, versuchte Schönbohm das Thema zu wechseln, »hier gibt's alles … Fischreiher!«

»Fischreiher, General?« Ich sah nichts.

»Normal ist da vorne ein Fischreiher, der ist jetzt gerade

wohl unterwegs, und das war ja eine ganz idyllische Gegend, hier wohnten Grenztruppen. Wenn Sie hierher wollten, brauchten Sie einen Ausweis, eine Zugangsberechtigung, und hier an der Eiche war eine Schaukel, wo die Kinder dann im Schatten der Mauer schaukelten.«

Was für eine paradiesische Vorstellung. »Und wenn man sehr hoch schaukelte, konnte man über die Mauer sehen?«

»Ja, die Mauer war ziemlich hoch, aber abgesenkt dann. Wir haben die Stelle dann aufgeschüttet, um sie als grünes Wohnzimmer zu nutzen.«

Mir fielen ein paar merkwürdige Eisenteile auf, die aus dem Boden des grünen Wohnzimmers ragten. Ich dachte an die Belüftung für die Langstreckenraketen-Abschussanlagen: »Ist da noch irgendwas drunter? Ich sehe so … Entlüftungsrohre?«

»Nein, nein«, wehrte Schönbohm ab, »das sind Lampen.«

»Ach so.« Ich glaubte ihm kein Wort, und das sah er meinem Gesicht wohl auch an, denn er bekräftigte noch einmal: »Nein, kein Bunker!«

Etwas anderes aber konnte General Schönbohm nicht verbergen. In einer der Blumenrabatten stand ein Panzer. Ein sehr kleiner Panzer, eigentlich nur ein Panzermodell, ungefähr 30 Zentimeter lang. Den habe er selbst dort platziert, gestand mir Schönbohm, er sei ein Geschenk.

Mir fiel auf, dass das Rohr schräg neben das Haus zielte. Ziemlich genau dahin, wo ich vor einer halben Stunde ahnungslos den Garten betreten hatte. Ich schaute mich nach weiterem Kriegsgerät um und fand prompt einen tarnfarbenen Keramikfrosch, der auf einer der Gartenlampen lauerte. Den habe seine Frau dahin gestellt, entschuldigte der Hausherr hüstelnd. Dann holte er ein Fotoalbum aus dem Wohnzimmer und zeigte mir Bilder von früher.

»Hier können Sie sehen. Das ist die Eiche, die hier ist!« Erregt deutete der Rentner abwechselnd auf eine Eiche vor uns im Garten und auf ein Foto dieser Eiche in seinem Album. Ich war mit den Geheimnissen moderner Fotografie in etwa vertraut, aber ich spielte mit.

»Verrückt«, sagte ich.

»Ja, so sah es hier eben früher aus. Und hier geht genau die Mauer lang. Hat sich alles geändert. Hier kann man den Wachturm sehen ...«

»Hm, das kann man sich ja heute leider kaum noch vorstellen, wie das mal war.«

»Darum habe ich die Bilder aufgehoben und zeig sie meinen Kindern, auch unseren Freunden, die sagen, das kann man sich gar nicht vorstellen! Der Unterschied ist, dass jetzt hier die Thujas sind, die haben wir angepflanzt ...«

»Und die Mauer ist weg«, ergänzte ich.

»Ja, die Mauer ist weg, und ansonsten hat sich auch noch einiges geändert. Tempi passati.«

Statt herumzubrüllen, kam Schönbohm mir mit Latein. Zum Glück hatte ich ein humanistisches Gymnasium besucht (kein Missbrauch): »Si fractus illabatur orbis, impavidum ferient ruinae.«

»Oh. Alles in Ruinen«, fasste der General Horaz in unzulässig verkürzter Weise zusammen.

»Großes Latinum«, entschuldigte ich mich.

»Habe ich auch, aber meine Frau hat es dreimal gemacht mit unseren Kindern, die ist besser.«

»Ach so, schade, sonst hätten wir uns weiter auf Latein unterhalten können.«

Es wurde langsam Zeit zu gehen. Ich beherrschte nur noch drei lateinische Zitate, und danach würde die Unterhaltung von meiner Seite aus zwangsläufig einsilbig werden.

Zum Abschluss bestand der General darauf, mir eine erbauliche Anekdote mit auf den langen Weg zu geben. Durch die Wiedervereinigung war er zum Befehlshaber des Bundeswehrkommandos Ost geworden mit dem Auftrag, die verbliebenen Soldaten der Nationalen Volksarmee in die Bundeswehr zu überführen. Am 3. Oktober 1990 war er dann abends im Osten zu einer Feier in der Kaserne gewesen. Als er das Kasino betrat, salutierten am Eingang Soldaten in NVA-Uniform: »Guten Abend, Herr General!« Als er aber nach Mitternacht wieder herausgekommen war, hatten dieselben Soldaten – während er das erzählte, nahm Schönbohm mich fest in den Blick, um zu sehen, ob ich auch begriff –, also dieselben Soldaten dort in Bundeswehruniformen gestanden und gegrüßt: »Auf Wiedersehen, Herr General!« Dieselben! In Bundeswehruniformen!

Ich lachte artig über den Unfug und verabschiedete mich: »Auf Wiedersehen, Herr General. Und verdammt schönes Land haben Sie hier!«

»Jahaha, schön, dass Sie da waren. Und, ähem, seitdem ich nicht mehr General bin, muss ich schon sagen, es war die spannendste Zeit meines Lebens.« Das konnte ich mir gut vorstellen, denn wenn ich die Keramikfrösche richtig interpretierte und die Blicke, die uns Frau Schönbohm und die Pressedame zuwarfen, dann hatte der Mann zu Hause wenig zu befehlen.

»Na, fein«, entgegnete ich abschließend, »Herr General a. D., ade!«

Ich würde also ohne militärischen Begleitschutz in die ehemalige Zone einmarschieren müssen. Als ich das Haus hinter mir gelassen hatte, lauschte ich, ob der General die beiden Damen noch anbrüllen würde, »Aaaaaaaachtung, Attacke!«, laut genug, um einen ganzen Kasernenhof in Duldungsstarre zu versetzen. Aber vergeblich, nichts war zu hören. Tempi passati.

DER INDER

Es ging sich gut unter schattigen Bäumen. Rechts begleitete mich die gepflasterte Straße nach Kleinmachnow, links eine nicht enden wollende Zeile von Einfamilienhäusern mit kleinen, akribisch gepflegten Vorgärten, die wie überdimensionale Visitenkarten vor den Hauseingängen lagen.

Zwei- oder dreimal war ich schon auf hölzerne Gedenkkreuze gestoßen. Im Gegensatz zu den Kreuzen an Landstraßen in Mecklenburg-Vorpommern standen sie hier nicht

Eine total sanierte Datsche. Der exzessive Einsatz von Baumarktmaterialien wirkt im Schrebergarten ähnlich verheerend wie zu viel Botox im Gesicht.

Die Lampen im Schaufenster dienen lediglich zur Dekoration. Zum Verkauf stand das ganze Land.

zum Gedenken an risikofreudige Fahranfänger oder überraschte Toyota-Besitzer, sondern an DDR-Bürger, die auf der Flucht umgekommen waren.

In Kleinmachnow war es ein niedlicher kleiner Granitfindling, inmitten einer nach der städtischen Grünverordnung gepflegten Kleinstrabatte, der mit einem Schild und schütteren Worten daran erinnerte, dass nicht alle Zonenbewohner auf dem realsozialistischen Dienstweg glücklich werden wollten. Direkt daneben annoncierte ein Aufsteller Bratwurst und Bier, denn hinter dem Findling begann der »Grenzmarkt« von Kleinmachnow. Mir wurde klar, wovon ich mich die nächsten vier Wochen ernähren würde.

An einem Bratwurststand bestellte ich mir einen Kaffee für 15 Cent. Von hier aus hatte ich einen Panoramablick auf das vielfältige Warenangebot eines fliegenden, offenbar indischen Händlers. Ich schätzte, dass auf den Klapptischen vor einem alten Wohnwagen rund 3000 Artikel im Angebot waren. Dinge, bei deren Anblick man sich unwillkürlich fragte, wie man bisher ohne sie hatte überleben können. Ich trat näher an einen Tisch heran und sah in Holzkistchen vor mir Nähgarn, Stopfgarn, Häkelgarn, Flaschenbürsten, Flachbürsten und Flaschenflachbürsten, chinesische Billigfeuerzeuge, Abflusssiebe aus Plastik, Batterien in allen denkbaren Größen sowie 12-Volt-Zigarettenanzünderadapterstecker für alle jemals auf dem Markt gewesenen, heute erhältlichen und in der Zukunft noch zu entwickelnden Handys.

Der Kapitalismus erzeugt Unübersichtlichkeit – Gelehrte wie Jürgen Kuczynski hatten das gar für sein hervorstechendes Merkmal gehalten. Die fernöstliche Bestätigung dieser These stand nun mit Vollbart und dekorativem Turban vor mir und lächelte. Ich sprach ihn an:

»Sie sehen so indisch aus. Wo kommen Sie her?«

»Indien«, sagte er.

In der Hand hielt der Inder, der sich als Herr Belushi vorstellte, eine Baseballkappe mit dem Aufdruck »Deutschland«. Wenn es heiß sei, trage er diese Kappe, erklärte er mir vertraulich. Werde es dann kälter, setze er wieder seinen Turban auf. Vor neun Jahren hatte ein guter Freund Herrn Belushi nach Deutschland gelockt: »Aber was ich jetzt denke, das war vielleicht doch Fehlentscheidung.« Er lächelte dieses typische, unergründliche, von fernöstlicher Weisheit erfüllte Lächeln, das immer auch ein wenig dämlich aussieht – für uns, die Kinder von Kant und Hegel.

In seinem Heimatland hatte der Mann einst als Buchhalter gearbeitet und ganz gut verdient. Heute seien die wirtschaftlichen Aussichten in Indien sehr gut und in Deutschland sehr schlecht, dozierte er. Als Buchhalter könne er in Indien heute mehr verdienen als in Deutschland mit einem 3 000 Artikel umfassenden Marktsortiment.

»Teurer wird die Welt sowieso, und das muss man mitmachen. Aber immer meckern kann man nicht«, sagte er.

Herr Belushi strahlte eine geradezu unheimliche Ruhe und Gelassenheit aus, die allmählich auf mich überging, während er sie schlagartig verlor und auf die deutsche Bürokratie zu schimpfen begann: »Manchmal bleibt wegen einer Kleinigkeit alles liegen. Wenn man zur Behörde geht, dann haken die wegen einer Kleinigkeit irgendwo aus, und dann kommt man nichtweiter.«

»Was macht man in Indien, wenn man mit der Bürokratie nicht weiterkommt?«

»In Indien kommt man in jedem Fall weiter. Wenn du gute Kontakte hast, dann läuft das andersherum …«

»Ich verstehe, die Behörde kriegt dann was von Ihnen, und dafür kriegen Sie was von der Behörde?«

»Alles ist möglich!«, entgegnete der Inder und lächelte unergründlich.

»Hier ist das nicht so?«

»Doch hier ist das auch so, bei reichen Leuten ist das so. Bei normalen Leuten ist nicht so.«

Kurz überlegte ich, dem Mann zu erklären, dass die Korruption bei uns in Deutschland eigentlich keine große Tradition habe. Aber in den letzten Jahren hatten wir in diesem Bereich enorm aufgeholt.

Überhaupt hatte unser Land sich verändert. Einer italienischen Zeitung gegenüber hatte ich im Interview kürzlich behauptet, die Deutschen seien die Italiener des neuen Jahrtausends. Der Hang zum Populismus in der Politik, die Korruptionsfälle, der fahrlässige Pfusch beim Bau der Kölner U-Bahn – und natürlich die Nichtbeachtung des Rauchverbots. Während überall in Europa das Rauchverbot strikt respektiert wurde, selbst in Frankreich und England und natürlich auch in Italien, gab es in Berlin immer noch lustige Eckkneipen, in denen man sich den Teufel darum scherte.

Erst kürzlich hatte ich in der Nähe des Amtsgerichts in Berlin-Charlottenburg mittags eine Gaststätte betreten und war fast zurückgeprallt, da ich vor lauter Rauchschwaden kaum etwas sehen konnte. Die Wirtin hatte mich dann gefragt, ob ich Raucher oder Nichtraucher sei, und nachdem ich »Nichtraucher« geantwortet hatte, sittsam den Aschenbecher von meinem Tisch entfernt.

Ich schwieg also und gab dem Inder lediglich den wohlgemeinten Rat, einfach reich zu werden. Um ihm dabei zu helfen, kaufte ich mir eine beleuchtete Zahnbürste.

DER HOLLÄNDER

Der Weg zum Teltowkanal führte mich durch eine Vorortsiedlung, die still im Kiefernwald lag. Es war gespenstisch ruhig, Menschen waren nicht zu sehen. Einzig ein lebensgroßer Plastiksheriff stand auf einem der Grundstücke und zielte von der Terrasse einer geschmacklosen Villa mit einer 45er Magnum auf mich. Geräuschlos sprühten Beregnungsanlagen Wasser auf das makellos gepflegte Grün, das er bewachte.

Ich hatte mich schon auf den Boden geworfen, war dreimal seitlich abgerollt und hinter einen Mülleimer gerobbt, als ich endlich merkte, dass der Officer aus Kunststoff war.

Am Ende der Straße lag der Teltowkanal. »Hotel und Campingplatz am Wasser, Zimmer ab 18 Euro!« annoncierte ein mannshohes Transparent mit einer stilisierten Welle das wohl attraktivste Übernachtungsangebot der ganzen Gegend. Gesichert wurde das Urlaubsparadies durch eine verrostete Drahtumzäunung und alte DDR-Betonpfosten. Der anbrechenden Dämmerung und dem Sheriff im Nacken konnte ich nicht widerstehen und bog in die Zufahrt ein.

Am Ende des Waldwegs öffnete sich ein großzügig betoniertes Gelände. Bis zur Wende hatte hier ein Kontrollposten der DDR-Grenztruppen gestanden. Die neuen Besitzer hatten zwei Dutzend Büro-Container der NVA wie Legosteine aufeinandergestapelt, die Nahtstellen mit beigefarbenen Kunststoffpaneelen verdeckt und das Gebilde mit einer roten Plastikmarkise und ein paar Geranientöpfen dekoriert. In Tiflis oder Istanbul hätte ich dieses Ensemble für einen Swingerclub oder einen Puff gehalten. Hier war es zweifellos ein Hotel, das zumindest gab das im Schein einer funzeligen Glühlampe über der Tür baumelnde Schild mit der Aufschrift »Rezeption« zu verstehen.

Im Inneren saß ein junger Mann hinter dem Tresen. Die Stahlcontainer hatten sich im Lauf des Tages mit siedender Luft gefüllt. Ein junges Paar vor mir buchte einen Zeltplatz für 15 Euro. Keine schlechte Idee, die schwüle Nacht in einem luftigen Zelt zu verbringen, aber ich hatte kein Zelt. Die Zimmer für 18 Euro waren »leider schon alle belegt«, es gab noch Zimmer für 30 Euro und für 40 Euro. Ich folgte dem Rezeptionisten zur Inaugenscheinnahme der Suiten. Im 30-Euro-Zimmer konnte ich die beiden Längswände mit ausgestreckten Armen berühren. Außerdem war das

Licht kaputt. Dann besichtigte ich die Luxus-Ausführung. Die Stahlzelle war hier etwas größer, wenn auch genauso heiß. Immerhin funktionierte das Licht. Aus Spaß handelte ich die Junior-Suite auf 35 Euro herunter, schmiss meinen grünen DDR-Pionierrucksack aufs Bett und machte mich auf den Weg in den Garten. Ein Häuflein verstreuter Campinggäste saß im orangefarbenen Licht einer alten DDR-Straßenlaterne auf DDR-Plastikstühlen und trank schweigend vor sich hin.

»Guten Abend. Was hat die Küche denn zu bieten?«, fragte ich den Mann am Campinggrill.

Es gab Bratwurst, Bratwurst oder Bratwurst. Ich bestellte von jeder eine.

»Und ein großes Bier hätte ich gern.«

»Nur eins?«, fragte der Grillchef.

»Mhm. Eins nach dem anderen.« Ich setzte mich zu einem Mann, der schon ein Bier nach dem anderen getrunken zu haben schien.

»Darf ich fragen, wo Sie herkommen?«, fragte ich.

»Holland«, sagte der Holländer.

»Hierher? Aus Holland? Um Urlaub zu machen?«

»Ja, zum zwanzigsten Mal.«

Nur Holländer waren fähig, sich so exzessiv für ostdeutsche Campingplätze zu begeistern.

»Mein ganzes Leben bin ich zwanzigmal in Berlin gewesen und nur dreimal in Amsterdam. Und ich bin Holländer.«

Holland, das war für mich 1980, als meine Haare noch bis zu den Kniekehlen reichten, der Inbegriff von Freiheit und Abenteuer. Nach Holland fuhr man, um sich in einem der

Amsterdamer Secondhandläden im Hochsommer einen verlausten Pelzmantel aus Fohlenfell zu kaufen, damit in einen Coffeeshop zu marschieren und einen Joint zu rauchen. Danach fühlte man sich ziemlich befreit, von bürgerlichen Zwängen im Allgemeinen, von elterlichen Gängeleien im Besonderen und vom gesunden Menschenverstand im Speziellen.

Einmal fuhren wir mit einem Joint zwischen den Zähnen ziellos durch Amsterdam auf der Suche nach einem Abenteuer, als wir vor einer roten Ampel zum Stehen kamen. Neben uns hielt ein Politie-Fahrzeug. Der Beamte stieg aus seinem Auto, nahm dem Fahrer den Joint aus dem Mund, ließ diesen auf den Boden fallen und zertrat die Glut lässig mit seinem Stiefel. Ohne ein Wort zu verlieren, stieg er wieder in seinen Dienstwagen, die Ampel wurde grün, und wir fuhren der untergehenden Sonne entgegen.

Diese Szene hat meine Vorstellung von bürgerlicher Freiheit nachhaltig geprägt. So wollte ich auch leben, in einem Land mit coolen Klamotten, coolen Kneipen und coolen Polizisten. Der Spartacus-Bund hatte es danach nicht leicht an unserer Schule. Es gab einen schwerfälligen Marxisten in der Klasse, der rauchte Pfeife und agitierte so ein bisschen vor sich hin. Aber der Mann hatte keine Chance bei uns, denn er hatte keine einzige coole Platte im Schrank. Und an Frauen kam er auch nicht ran. Was für die Ossis damals Westdeutschland war, das war für uns Holland: ein Sehnsuchtsland. Amsterdam, das lag schon ein ganzes Stück näher an Woodstock als Duisburg, Münster oder Osnabrück.

Auf der Rückfahrt leerten wir damals, kurz vor der niederländisch-deutschen Grenze, alle Taschen gründlich aus, verstauten die Pelzmäntel im Kofferraum, rissen alle Fenster auf und versuchten total angepasst und unfrei auszusehen. Wir wurden trotzdem gefilzt. In Deutschland schien die Autobahn dann noch ein bisschen gerader zu sein als in Holland. Und während Radio Hilversum langsam zu kratzen anfing, machten wir Pläne, wie wir der verhassten Knechtschaft des deutschen Bildungssystems entkommen konnten. Vergeblich.

Der Mann aus dem Land, in dem die Tulpen prächtig blühen, aber immer nur nach Wasser schmecken, war ein Stück an mich herangerückt. Während er seine Urlaubsreisen nach Deutschland zählte, hatte er seine klobigen Hände direkt unter meiner Nase platziert und aufreizend langsam mit der rechten Hand die Finger der Linken einzeln hochgebogen. Als er fertig war, schaute ich durch die Finger seiner linken Hand wie durch die Gitterstäbe einer holländischen Zuchthauszelle in sein gutmütiges, vom ostdeutschen Bier gezeichnetes Gesicht. Dann rülpste er zufrieden. Zufrieden, weil er schon so oft in Deutschland gewesen war, weil er endlich mit jemandem reden konnte und weil er total besoffen war.

Er sah mich erwartungsvoll an.

»Respekt«, sagte ich. »Wollen Sie eine halbe Wurst?«

Der Mann musste dringend etwas in den Magen bekommen. Er bestand zu 90 Prozent aus Bier. Ich hoffte, dass eine halbe Wurst seinen Zustand so weit stabilisieren konnte, dass ich den Grund für seine Deutschlandliebe noch erfahren würde.

»Sie sind Holländer. Wir haben noch was gutzumachen bei Ihnen. Bitte bedienen Sie sich!«

»Okay, gut«, sagte der Holländer. Er versuchte, das Essen scharf zu stellen, und grabschte mit einer eckigen, roboterhaften Bewegung nach dem Wurstgeschenk, nahm die eine Hälfte von meinem Pappteller und anschließend einen kräftigen Schluck aus meinem Bierglas.

»Moment, diese Vertraulichkeit geht zu weit. Das ist Ihr Bier, das ist meins«, sagte ich freundlich, aber mit Nachdruck. »Es gibt noch eine Grenze zwischen Holländern und Deutschen, und die sollte hier nicht überschritten werden, mein Herr. Sie können aber gerne noch eine halbe Wurst haben.«

»Entschuldigung! Au ja, Wurst, danke schön!« Er nahm sich auch die andere Hälfte.

»Was habt ihr Holländer eigentlich gegen uns? Jetzt mal ganz unter uns.« Wir waren längst Freunde geworden. Das Teilen einer Wurst in einem fremden Land, fern der Heimat, hatte uns zusammengeschweißt.

»Mit dem Zweiten Weltkrieg, logischerweise, ja?«, sagte der Holländer.

»Ihr habt den doch gewonnen.«

»Ja. Mein Vater war Zwangsarbeiter, ja?«

»Der mag uns nicht, oder?«

»Er sagt nicht, er hasst keinen Deutschen. Aber manchmal, wenn er alten Deutschen begegnet, denkt er immer: Was hast du gemacht damals? Mein Vater hat auch die Bombardierung von Rotterdam mitgemacht. Er hat gewohnt in Rotterdam damals. Verstehst du?«

»Verstehe«, sagte ich. »Unangenehme Sache. Wollen Sie noch eine halbe Wurst?«

»Ja.« Der Holländer nahm die Wurst und einen Schluck aus meinem Bierglas. »Mein Vater denkt auch, die heutige Generation hat damit nichts zu tun.«

»Wollen Sie auch Senf? Ich hab reichlich hier. Und noch eine halbe Wurst dazu?«

Lange noch saßen wir am Ufer des Teltowkanals, tranken Bier, teilten Würste und reparierten im Licht der alten ostdeutschen Natriumdampfstraßenleuchten die deutsch-niederländische Freundschaft.

DER NACKTE

Am nächsten Morgen wachte ich schweißgebadet auf. Die Sonne brannte auf das Stahldach meines Containers. Ich ließ den Schlüssel stecken, verzichtete auf das Frühstück und ging ohne Abschied.

Frühstück, das ist im Osten so eine Sache. Die Krone abgeschossen hatte vor einigen Jahren eine Pension im Erzgebirge, in Annaberg-Buchholz. Anlässlich einer Lesereise hatte ein Veranstalter dort für meine Übernachtung ein Zimmer in einer privaten Pension gebucht. Als ich an einem eisigen Novemberabend gegen 18 Uhr an einem kleinen grauen Spritzbetonhäuschen klingelte, öffnete ein schlechtgelauntes älteres Männlein und führte mich in das notdürftig ausgebaute, kaum isolierte Dachgeschoss, in dem es furchtbar kalt war. Die Heizung hatte der Hausbesitzer nicht angestellt, da angeblich bei einer früheren Buchung ein Gast schon einmal nicht erschienen und der Herbergsvater auf den Heizkosten sitzengeblieben war. Ich drehte die Heizung voll auf und ging zum Veranstaltungsort der Lesung. Als ich zurückkehrte, waren die Heizkörper wieder heruntergedreht. Die Matratze im Bett war unter dem dünnen Bezug in eine Plastikfolie eingeschweißt, die Decke selbst steckte in knisternder Vollnylon-Bettwäsche.

Dass in dieser Umgebung kein Luxus-Frühstück zu erwarten war, dachte ich mir schon. Aber der Anblick, der sich mir am nächsten Morgen bot, war doch beeindruckend: Auf einem Teller im Kühlschrank lagen unter Frischhaltefolie zwei Scheiben billigstes Graubrot, eine Scheibe Discounter-Salami und eine Scheibe Käseersatz. Dazu gab es zwei Päckchen abgepackten gefriergetrockneten Kaffee und zwei Hülsen Kaffeesahne. Ich wunderte mich nicht, dass die NPD in dieser Umgebung immer wieder Rekordergebnisse einfuhr.

Nicht weit vom Zeltplatz führte eine marode Eisenbahnbrücke über den Kanal. Der Zugang war nachlässig mit Stacheldraht verschlossen. Ich schlüpfte durch die Sicherung und stand auf einem beunruhigend löchrigen Untergrund. Jede zweite der dicken Holzbohlen am Boden der Brücke war verrottet oder fehlte ganz. Während ich die Stabilität der Konstruktion prüfte, fiel mein Blick auf das gegenüberliegende Ende der Brücke. Da lag etwas Blasses, Nacktes auf dem Bauch und schlief. Ein unbekleideter Einheimischer auf seinem Handtuch, eine Packung Cabinet und eine sichtbar qualmende Zigarette auf dem Holzbalken neben sich.

»Hallo! Ihre Zigarette brennt da gleich die Brücke ab«, rief ich.

»Wat?« Der Ossi drehte sich zu mir, nahm gelassen die Zigarette auf und schnippte sie in den Kanal.

»Sind Sie Nudist?«

»Nee, ich sonn mich nur ein bisschen.«

»Und darf man auch angezogen hier rüber?«

Auf Anraten des Nackten balancierte ich auf dem großen Balken und hielt mich an der Metallkonstruktion fest. Zwischen mir und dem blassen Etwas lagen ungefähr 20 Meter gähnender Abgrund. Von dem Brückenbelag waren an einigen Stellen nur morsche Holzbalken und Planken übrig. Tief unten glänzte die teerschwarze Oberfläche des Teltowkanals. Der sei randvoll mit Kriegsschrott, hatte mir ein Berliner erzählt. Ich stellte mir vor, wie es wohl sein mochte, von rostigen Stahlträgern aufgespießt in dieser von Ostchemikalien verseuchten Brühe zu liegen.

Dies war meine erste Begegnung mit einem Cabinet-Raucher. Unter den Ossis waren die Zonenfluppen noch 20 Jahre nach der Wende eine Art Erkennungsmerkmal. Mit Rauchzeichen und durch das sture Festhalten an den einstigen Vorzeigeprodukten irgendeines VEB signalisierte man sich gegenseitig die Zugehörigkeit zu einem längst untergegangenen obskuren Verein. Cabinet war 1991 von Reemtsma aufgekauft worden. Man hatte versucht, die Marke mit einem West-Image aufzuwerten. Der Umsatz war daraufhin schlagartig eingebrochen und von ehemals 30 Prozent Marktanteil auf 12 Prozent abgerutscht. Die meisten Zonenbewohner wollten sich lieber mit ihrer eigenen Zigarettenmarke umbringen.

Philip Morris, der größte Tabakkonzern der Welt, der die andere große Ostmarke f6 gekauft hatte, war dagegen schlauer vorgegangen. Aufgrund der unterschiedlichen Mentalität der Menschen in Ost und West seien zwei völlig unterschiedliche Strategien nötig, erklärten die Werbeexperten von Philip Morris nach der Wende:

> Die f6 steht für das Gute und das Vertraute aus den vergangenen Tagen und hilft, die ostdeutsche Identität selbstbewusst auszudrücken.

Mit dieser verquasten Werbeprosa hatten sie wahrscheinlich sogar recht. Die biedere, altmodische Verpackung, der ekelhaft schwefelgelbe Qualm der f6 beschwor eindrucksvoll das Bild eines maroden Bitterfelder Braunkohlekraftwerkes herauf. Weiter hieß es im Marketing-Konzept der in Dresden hergestellten Zigarette:

> Die f6 steht nicht für falsch verstandenen Konservativismus, vielmehr wird durch diese Zigarette ein Stück ostdeutscher Kulturgeschichte repräsentiert, die inzwischen wieder einen bedeutenden Teil der Identitätsbildung der Bürger in den neuen Bundesländern ausmacht. Das offene und demonstrative Bekenntnis zum eigenen Geschmack, als Ausdruck eines sich neu entwickelnden Ost-Bewusstseins, schlägt sich deshalb auch im Rauchverhalten der Ex-DDR-Bürger nieder: f6 als Symbol für gewachsene Tradition und erfolgreiche Selbstbehauptung.

Über Geschmack kann man streiten. Die f6 verwandelte den Raucher zuverlässig innerhalb weniger Wochen in einen von Hustenanfällen geschüttelten, vom Verfall gezeichneten Zeitgenossen. In ein perfektes Abbild der untergehenden DDR.

f6 inhalierten also die antiwestlichen Widerstandsgruppen im Osten, während Cabinet für Kollaboration mit dem Westen stand. Schon ein Blick in den Aschenbecher konnte wertvolle Aufschlüsse über die Gesinnung der Eingeborenen geben. Keine Spur hinterließ eigentlich nur, wer Karo rauchte, eine Zigarette aus reinem Tabak und ohne Filter, die zu DDR-Zeiten nicht umsonst »Lungentorpedo« genannt wurde.

Aber warum lag der Cabinet-Raucher nackt in der Landschaft herum? Mit seiner blassweißen Tarnfarbe konnte sich der Ossi auf jeden Fall fast jeder Umgebung unbemerkt anpassen. Während ich noch balancierte, bereitete sich der Nackte auf meine Ankunft vor und setzte sich auf.

»Bei dem Wetter bin ick immer hier.« Er streckte mir die nackte Hand entgegen.

»Zu DDR-Zeiten konnte man hier nicht drauf?«, fragte ich und setze mich ihm gegenüber auf die faulenden Planken.

Zu DDR-Zeiten sei im Umkreis alles verrammelt gewesen, sagte der Blasse, Grenzgebiet, Sperrgebiet. Rüber seien nur diejenigen gekommen, die im Grenzgebiet wohnten, aber das Nacktbaden habe er schon zu DDR-Zeiten gepflegt, an der Ostsee zum Beispiel. Beschwert hätte sich da keiner.

»War es eigentlich besser früher? In der DDR?«, fragte ich den Nackten.

»Was soll denn da besser gewesen sein?«, fragte er zurück.

»Mehr Zeit«, riet ich.

»Mehr Zeit hat man heute ooch.«

»Mehr FKK?«

Doch auch hier sah der Blasse keine Veränderung. Für ihn gab es genauso viel FKK wie früher, die Leute seien allerdings nicht mehr so verklemmt wie in der DDR. Wenn früher eine Frau am Textilbadestrand oben herum frei gelaufen sei, dann sei immer rumgesungen worden: Sie dürfen sich hier nicht hinlegen! Entweder ziehen Sie sich was über oder Sie verlassen den See! Heute lägen am Bitterfelder See die Frauen ganz selbstverständlich mit freiem Oberkörper. Aber der Nackte selbst hatte noch nie ein Problem mit FKK gehabt.

»Ich finde, freier Oberkörper ist okay. Bei Männern«, stimmte ich zu.

Dabei gibt es eigentlich keinen vernünftigen Grund, seine Mitmenschen durch das Zurschaustellen der eigenen körperlichen Gebrechen zu belästigen. Die visuelle Umweltverschmutzung wird generell unterschätzt, wir sind umgeben von hässlichen Häusern, hässlichen Garagen, hässlichen Autos, fiesen Lampen, gruseligen Gardinen, scheußlichen Rabatten, Zäunen, Törchen, Schuppen, Müllcontainern.

Die Demokratie hat jede Menge Vorzüge, Schönheit ist ihre Stärke nicht. Bei den Menschen verhält es sich ähnlich. Die meisten Zeitgenossen sind ganz ordentliche Kumpel, gehen regelmäßig zur Arbeit, waschen sich, ziehen sich blickdichte Klamotten über und rufen an, bevor sie einen besuchen. Leider denken einige unserer Mitmenschen, das Zurschaustellen ihrer unbekleideten Gestalt sei Teil eines demokratischen Grundrechtes und müsse von ihren Nächsten nicht nur toleriert, sondern begrüßt werden. Das ist falsch. Es gibt nur wenige Menschen, die nackt einen einigermaßen erträglichen Anblick bieten. Nicht umsonst haben die alten Griechen das Ideal eines nackten Menschen unzählige Male in Stein gehauen oder in Bronze gegossen und Gott genannt. Mit der irdischen Realität hat das absolut nichts zu tun. Wie auch? Ein Finanzbeamter mit sechs Wochen Jahresurlaub sieht nackt eben nicht aus wie Achill. Der Anblick des Gesichtes und der Hände ist meist Zumutung genug. Den nackten Rest des Beamten will ich nicht sehen. Es gibt heute erstklassige Multifunktionstextilien mit hohem Tragekomfort, die selbst schlimme Deformationen adrett wirken lasen.

»Ich habe nichts gegen FKK«, erklärte mir der Brückenwächter zur Sicherheit ein weiteres Mal. Einer gucke hin, der andere gucke eben weg. Ihm sei es egal. Und wer ihn nicht nackig sehen wolle, der müsse ja auch nicht hingucken.

»Ich bemühe mich ja schon die ganze Zeit, woanders hinzugucken«, antwortete ich und schaute durch die morschen Planken auf ein weißes Plastikboot, das unter uns hindurchglitt und in seinem Kielwasser die schwarze Brühe aufschäumen ließ.

Zu Hause in seiner Neubausiedlung könne er sich jedoch nicht einfach in den Garten legen, klagte der Nackte. Wat macht der denn da?, würden die Leute dann sagen. »Man sieht genau, wo die Gardinen sich bewegen. Dann weiß man, dass die Nachbarn wieder gucken.« Er machte eine Pause und sah mich auf einmal an wie ein gehetzter Hase.

Das Wort »Siedlung« bekam eine bedrohliche Färbung. Plötzlich wurde mir klar, dass vor mir ein Flüchtling saß. Ein Mann, der aus der Enge seiner Siedlung geflohen war. Hier oben auf einer morschen Brücke zwischen den Zeiten hatte er sich die Kleider vom Leib gerissen und ein handtuchgroßes Stück Freiheit gefunden. Ein Eingeborener auf Zeit. Ein Wilder, der bei Sonnenuntergang in seine Klamotten schlüpfen und in seine Siedlung zurückschleichen würde.

Nacktbaden sei eben gesünder, sagte der Nackte. Man werde überall braun, nicht nur an den Oberarmen.

»Haben Sie denn keine Angst vor Sonnenbrand?«, wollte ich wissen, »so untenrum?«

»Nee, da habe ich keine Angst«, beteuerte der Nackte und zeigte auf sein verschrumpeltes Gemächt, während ich einen tschechischen Lastkahn beobachtete, der unter der Brücke den ganzen Kanal auszufüllen schien.

Ich verließ den Nackten und ging weiter, ohne zurückzuschauen. Dass ich gleich zu Beginn meiner Reise so tief in die Herzen der Grenzlandbewohner blicken durfte, stimmte mich optimistisch. Ich machte mich auf die Suche nach der Siedlung, in der man nicht mehr in Ruhe nackt sonnenbaden konnte.

DAS MUSTERHAUS

Ich schritt gut aus in meinen Caterpillar-Schuhen. In den 90er Jahren hatte ich sie in New York gekauft, neben einem Friseursalon in der Bronx, in dessen Schaufenster ein Latino gerade eine Frau rasierte. Ein Paar Colorado Men's Chocolate, die Werbung hatte ich noch vor Augen: »Ja, es ist wahr: Wir Männer lieben Baustellen. Wir lieben den Dreck. Die Baumaschinen. Den Lärm. Den betont rauen Umgang untereinander. Es ist etwas ganz und gar Einmaliges, auf diesem Planeten etwas zu erschaffen.«

Ich hatte sie trotzdem gekauft und vor meiner Expedition ein gutes Jahrzehnt eingelaufen. Und auch wenn das Leder mittlerweile an mehreren Stellen gebrochen war, tat es mir leid, mich von ihnen trennen zu müssen. Aber das »Haus der Geschichte« in Leipzig hatte mich gebeten, sie nach der Wanderung für eine Ausstellung über das Ost-West-Verhältnis in Deutschland zur Verfügung zu stellen. Ich hatte zugesagt. Allerdings war meine Bedingung, dass sie eines Tages unter Helmut Kohls Strickjacke gezeigt würden.

Einige Kilometer weiter südlich erreichte ich Großbeeren. Die Siedlung bestand aus rund 400 nahezu identischen Einfamilienhäusern. Minimale Variationen der Giebelformen, Klinkerfarben und Fensteranordnungen schufen ein Ortsbild von furchterregender Endgültigkeit. Hier also bewegten sich die Gardinen, wenn ehemalige DDR-Bürger ihre

Zwei identische Haustypen, aber in ihrer individuellen Ausgestaltung so grundverschieden wie ihre Bauherren.

traditionellen Sitten und Gebräuche, wie zum Beispiel das hemmungslos gesundheitsfördernde Nacktbaden, pflegen wollten. Eins der Fertighäuser am Rand der Siedlung wurde durch ein Schild als Musterhaus ausgewiesen. Ich beschloss, diesen Bauunternehmertraum zu besichtigen, und klingelte.

Im Haus war es angenehm kühl. Ein Hauch von Fichtennadelraumspray lag in der Luft und vermischte sich mit einem kräftigen Herrenparfum, als mich der baumlange Kundenberater wie einen alten Freund begrüßte. Er trug ein legeres, offenstehendes apricotfarbenes Hemd zur Jeans und war bestens gelaunt, die Geschäfte schienen blendend zu laufen. Ich erfuhr von ihm, dass der Einfamilienhaustyp »1.2 mit Friesengiebel« bei den Kunden besonders beliebt sei. Aber der Friesengiebel konnte nicht der einzige Grund sein, der Herrn Schmidt zum erfolgreichen Geschäftsmann machte.

»Warum ziehen Leute in solche Häuser?«, fragte ich ihn höflich, während ich an die Decke klopfte, ohne mich dabei allzu sehr strecken zu müssen.

»Die Leute ziehen in solche Häuser, um ein gewisses Stückchen Freiheit zu kriegen.«

Freiheit? Das klang gut. Aber Freiheit für wen? Ich musste an den Nackten auf der Brücke denken, der vor den Bewohnern solcher Häuser geflohen war. »Werden Ihre Häuser mehr von Ostdeutschen oder mehr von Westdeutschen gekauft?«

»Also hier in diesem Gebiet, das wir jetzt erschlossen und bebaut haben, sind es 99 Prozent Westdeutsche«, entgegnete der professionelle Freiheitskämpfer.

Siedler aus dem Westen fanden also neuen Lebensraum und die ersehnte Freiheit im Osten. Die Bauwirtschaft hatte ganze Arbeit geleistet. Es sah fast so aus, als wäre nun doch eine Utopie Wirklichkeit geworden, da, wo eine andere gescheitert war. Aber wo waren die Ureinwohner? 99 Prozent Westdeutsche, das bedeutete ein Prozent Ostdeutsche. Bei 380 Häusern mussten also 3,8 Häuser Ossis gehören. Wenigstens einen weiteren Cabinet-Raucher wollte ich finden.

Wenige Friesengiebel später sah ich einen freundlichen älteren Herren vor seinem Haus sitzen und Zeitung lesen. Auf meine Frage nach Ostdeutschen in der Nachbarschaft schüttelte er ratlos den Kopf, Ostdeutsche hatte er noch nie in der Siedlung gesehen.

Auch sein eilends herbeigerufener Sohn brach in ein lautes, ungläubiges Gelächter aus, kaum hatte ich ihm mein Anliegen erläutert: »Ostdeutsche, die hier in der Siedlung wohnen sollen? Das wäre mehr als außergewöhnlich, weil bestimmt 99 Prozent Wessis sind.« Alle Nachbarn kämen erwiesenermaßen aus dem Westen bzw. zumindest aus Westberlin, meinte er und wünschte mir noch viel Erfolg bei der Suche.

Hinter einer meterhohen Thuja-Hecke hörte ich Geräusche. Ich sprach die Hecke an: »Guten Tag. Ist da jemand?«

»Ja«, antwortete eine Frauenstimme.

»Ich suche eine ostdeutsche Familie, die hier in der Siedlung wohnen soll.«

»Oh Gott, eine ostdeutsche!« Hinter der Hecke machte sich Entsetzen breit. »Ich weiß gar nicht, vielleicht in einer anderen Richtung mal probieren.«

»Und sonst? Haben Sie hier mal Puhdys-Musik gehört oder Leute in verwaschenen Jeansjacken gesehen?«

»Oh Gott, nee! Ich bin auch immer vormittags weg. Nee, da sieht man gar nicht so viel. Also dann lieber in die Richtung da, da treffen Sie bestimmt mehr.«

Ich machte mich auf in die Richtung da und ließ weitere zwanzig bis dreißig friesenbegiebelte Fertighäuser links und rechts liegen. Auf einmal bemerkte ich neben einer Doppelhaushälfte aus den Augenwinkeln heraus eine Gestalt, die blitzschnell hinter einem hölzernen Schuppenverschlag verschwand.

»Hallo Sie! Hallo, guten Tag. Sind Sie aus dem Osten?«

Ich bekam keine Antwort. Bleierne Mittagsruhe lag über dem Walmdachmeer. Ich blieb meinerseits still stehen und beobachtete den Türverschlag. Dahinter, das konnte ich durch die Ritzen deutlich sehen, bewegte sich etwas. Es war nackt. Ein Ossi?

Im Haus wurde ein Fenster geöffnet. Hinter einem praktischen grünen Fliegengitter wurde die mollige Gestalt einer Mittvierzigerin sichtbar. Sie schaute mich fragend an, und ich erklärte ihr mein Anliegen.

»Eine ostdeutsche Familie?«, entfuhr es ihr irritiert.

»Ja, genau. Ihr Mann ist jetzt gerade so schnell verschwunden hier und versteckt sich hinter der Tür, dass ich dachte …«

»Sie meinen, er soll aus der ehemaligen DDR sein?«

»Ja, genau.«

»Wir sind aber nicht aus der DDR!«

»Wieso ist er dann so schnell weggelaufen?«

»Nicht Ihretwegen.«

»Doch, er hat mich gesehen und hat sich sofort hinter der Tür versteckt und guckt da noch durch den Spalt.«

»Unsinn!«

»Aber warum wohnen hier keine Ostdeutschen?«

Die Dame erklärte mir, sie wohne jetzt seit zwölf Jahren in Großbeeren. Am Anfang, nach der Wende, sei es nicht einfach gewesen, die Altgroßbeerener, also die Ossis, und die Neugroßbeerener seien einander spinnefeind gewesen. Da kommen jetzt die Reichen, man will uns verdrängen, die Neuen kaufen alles auf, hätten die Alteingesessenen gesagt. Sicher, sie hätten hier ein kleines Grundstück gekauft und die Häuser der Altgroßbeerener seien vielleicht alt und hässlich gegen ihre Fertighäuser, aber deren Grundstücke dafür viel größer als die Parzellen in der Siedlung.

»Von Reichtum kann doch bei uns, den Neuankömmlingen, gar keine Rede sein!« Die Frau klang resigniert. Täuschte die Idylle aus Fertighäusern und gepflegten Vor-

Heißt: gar nicht

Wer kann da schon nein sagen...

gärten? Gab es vielleicht immer noch einen schwelenden Konflikt zwischen den Ureinwohnern und den Siedlern? Ich machte mich auf, in Richtung des alten Ortskerns.

Die Einwanderer aus dem Westen waren nicht mit leeren Händen gekommen, sie hatten vielmehr ein Stück ihrer Kultur mit in den Osten gebracht: das Shoppingcenter. Das Shoppingcenter von Großbeeren liegt wie eine Barriere zwischen dem alten und dem neuen Ortsteil. Die nagelneue Konsumzone aus mehreren langgezogenen einstöckigen Betonzweckbauten mit leuchtend roten Ziegeldächern und aufregenden Sonderangeboten war von Anfang an das verbindende städtebauliche Glied zwischen Alt- und Neugroßbeeren. Hier auf dem großzügigen Parkplatz trafen sich regelmäßig alle Großbeerener auf der Suche nach dem Schnäppchen ihres Lebens. Aber kamen sie sich dabei auch näher?

Ich schaute lange in die Auslagen eines Discounters, »Kleidung ab 1 Euro« drohten rote Plastikschilder. Neben Fleece-Decken in mir bis dahin völlig unbekannten Farben waren Sofakissen mit einem dekorativen Textildruck im Angebot. Sie zeigten tanzende Paare in Abendgarderobe.

Konnten diese Kissen den durch die Wiedervereinigung verursachten Zusammenprall zweier so unterschiedlicher Kulturen abfedern? Waren diese Schaumstoffbomben in der Lage, gute Stimmung in den grauen Zonenhäusern zu verbreiten? Zweifelnd ging ich über die frisch asphaltierte Dorfstraße in den alten Ortsteil.

Aus dem Fenster eines besonders grauen Hauses schaute ein grauer alter Mann heraus. Er hatte den Fenstersims mit

Eine unbändige Lust am Schmücken und überbordende Lebensfreude strahlen die Fenster der Einheimischen aus.

einem grauen, abgewetzten Cordkissen gepolstert, saugte an einer graubraunen Zigarre und beobachtete von dort den Untergang der Welt.

»Waren Sie eigentlich schon mal in der Siedlung mit den neuen Häusern?«, fragte ich ihn.

»Ja.«

»Wie ist es denn da? Gefällt Ihnen das?«

Er schüttelte stumm den Kopf.

»Und die Leute, die da wohnen?«

Er schüttelte wieder den Kopf.

Ich hatte verstanden.

NORDIC WALKING

Ich spazierte gemütlich weiter den Mauerweg entlang, einen wohl erst kürzlich vom Gartenbauamt sorgfältig mit Asphalt frisierten Streifen, der alle paar hundert Meter von nagelneuen Wegweisern gesäumt wurde. Der ehemalige Todesstreifen zu meiner Rechten war von einer japanischen Partnergemeinde aus Freude über den Mauerfall mit einer Doppelreihe Kirschbäumen bepflanzt worden.

Das aufkommende Geplapper einer Armee Nordic Walker zerstörte die sommerlich idyllische Stille. Eine Gruppe dicker Damen in hautengen Spezialoveralls näherte sich und überholte mich mit hektischen Bewegungen, wie eine Kompanie versprengter Nahkämpfer, die einen übermächtigen Feind angegriffen hatte und sich nun verzweifelt aus dem Staub zu machen versuchte.

»Verzeihung, darf ich in Ihrem Windschatten laufen?«, fragte ich die letzte und dickste der Sportlerinnen. Sie nickte schwitzend und klapperte noch ein bisschen penetranter mit ihren Stöcken. Ich heftete mich an ihre Fersen und achtete dabei sorgsam darauf, nicht in den Gefahrenbereich der unkontrolliert herumschlackernden Stöcke zu geraten.

Natürlich hatte ich so etwas schon des Öfteren gesehen, Damenhorden, die am Stock gehen. Erstmals waren sie mir im Ost-Harz begegnet, Ende der 90er Jahre, in Schierke. In dieser trostlosen Gemeinde erreichte meine Laune den Tiefpunkt, als mir Einheimische auf die Frage nach der ältesten Kneipe im Ort bedeuteten, es gebe keine älteste Kneipe. Alle Schierker hatten die ersten Nachwendeminuten genutzt, um mit Hilfe von Bauhaus und Ikea ihren Ort und alles darin in eine Hölle aus glänzendem Furnier, hellem Billigholz, freundlichen bunten Stoffen und poliertem Messing zu verwandeln. Es bedurfte schon einer gehörigen Portion Glück, zumindest einmal in einem kunstledernen Doppelbett übernachten zu können, komplett mit einer halbrunden Erhöhung am Kopfende, in die ein Blaupunkt-Autoradio mit Kassettenfach eingelassen war.

Aber nicht nur der Harz war voll von ihnen, auch in den Städten tauchten sie bald auf, die Nordic Walkerinnen. Und so schüchtern sie allein waren, so trotzig und demonstrativ stellten sie ihr temporäres Selbstbewusstsein in der Gruppe zur Schau. Deswegen hatte mich auch eine *dpa*-Meldung vor kurzem nicht überrascht, die in drei Ferienregionen der Schweiz neue Nordic-Walking-Routen vermeldete. Herumlaufen können die Damen natürlich überall, aber entlang dieser Routen sind die Anwohner geschult und lachen nicht über sie.

Was das denn bringe, wenn man die Stöcke so hinter sich herziehe, fragte ich den ungesund geröteten Kopf vor mir. Man ziehe die ja nicht hinter sich her, kam es ein wenig beleidigt zurück, während das Geklapper noch einen Hauch energischer wurde.

»Aber die anderen Damen hier links, die ziehen die hinter sich her«, wandte ich ein.

»Nee, nee, nee. Wenn man aus dem Tritt kommt,

dann ...«, das Keuchen wurde heftiger, »... dann muss man den Oberarm spüren.«

»Und? Spüren Sie schon was?«, fragte ich.

»Nein.«

»Aber Sie machen weiter?«

»Wir machen weiter, natürlich.«

»Bis zu welchem Punkt würden Sie gehen?«

»Bis zu welchem Punkt? Och, bis da hinten zum Ende, bis zur Marlower Straße.«

»Ganz unter uns, Sie schmeißen doch die Dinger da hinten weg und gehen dann ganz normal nach Hause, oder?«

Die Adipositas americana vor mir klapperte verächtlich mit ihren Stöcken. Ich blieb stehen, beobachtete, wie das hektische Gewackel vom Mauerstreifen in einen Feldweg abbog, und stellte mir vor, wir schrieben das Jahr 1988. Die dicken Damen waren gerade aus einem DDR-Fitnessclub mit dem Namen »Vorwärts mit Stöcken für den Frieden« geflohen und versuchten nun mit Hilfe dieser Spezialstöcke den freien Westen zu erreichen. Jahrelang hatten sie für diesen Fluchtversuch trainiert, hatten sich Spezialliteratur über das nordische Schnellgehen besorgt und sich einen kugelsicheren Fettpanzer angefuttert, der sie gegen die Selbstschussanlagen an der Grenze schützen sollte. Niemand schoss. Es blieb ruhig. Die Gruppe kam im Westen an, warf dort die Stöcke weg und nahm ihr Begrüßungsgeld in Empfang. Die Stöcke stehen heute im Haus der Geschichte in Bonn, gleich neben den selbstgebastelten Schwan-Attrappen, mit denen eine Gruppe Schwimmer ein paar Jahre zuvor die schwer bewachte Havel durchschwommen, alle Grenzer getäuscht und unbeschadet das westliche Ufer erreicht hatte.

An dieser »Fitness Station Sojus XTR Krachnogorsk« haben Generationen von DDR-Leistungskadern für Olympia trainiert.

DER BÜRGERMEISTER

Nur wenige Äcker weiter liegt Stahnsdorf. Die Gemeinde an der Berliner Stadtgrenze hat sich im Geschmack der neuen Zeit eingerichtet. Ich passierte die ersten Gärten, ging zwischen zwei Wäscheleinen mit weißer Unterwäsche in Übergrößen hindurch und fand mich auf einem kleinen Platz wieder.

Ein paar Bäume spendeten der festgestampften Erde Schatten, ein gepflasterter Weg war wohl gerade mit nagelneuen Bänken und Papierkörben aus mausgrauem Stahlrohr ausgestattet worden, und die dreistöckigen alten Häuser, die sich um dieses neu gestaltete urbane Zentrum reihten, waren frisch gestrichen. Unter einer großen Tanne stand ein Denkmal für zwei Opfer des Faschismus, Mitglieder der Roten Kapelle, ein einfacher Stein mit den Namen Anni Krauss und John Graudenz. Auch er sah frisch sandgestrahlt aus. Eingerahmt wurde diese Idylle von »Spielen verboten« Schildern und vier fabrikneuen, überdimensionierten schneeweißen Hundekotbehältern, die an allen Ecken aufgestellt waren.

Ein etwa 50-jähriger Altstahnsdorfer mit kariertem Hemd und einer Brille, die sicher schon im Zweiten Weltkrieg als unmodern verlacht worden war, stand vor einem Haus und musterte kritisch die brandneue Naherholungsanlage.

»Finden Sie das gut hier?«, sprach ich ihn an.

Der Mann drehte sich langsam zu mir, schaute mich an

und antwortete sehr bedächtig: »Hm. Na ja. Man muss es so nehmen, wie es kommt. Schätze ich mal. Jedenfalls einiges.«

»Haben Sie schon mal gesessen da?« Ich deute auf eine der neuen Bänke.

Er dachte nach. »Nee, dazu bin ich noch nicht gekommen.«

Wir schwiegen einen Moment lang.

»Planen Sie, da mal zu sitzen?«

»Ja, doch schon. Eigentlich schon.« Der Mann blickte mir tief in die Augen. Dann lächelte er melancholisch. »Werd mal da eine Zigarre rauchen.«

In diesem Moment kam der Stahnsdorfer Bürgermeister um die Ecke. Der energisch ausschreitende Mann, der mir in Anzug und Krawatte etwas overdressed erschien, wurde von einer Gruppe städtischer Beamter und einem Lokalreporter begleitet. Von dem Altstahnsdorfer erfuhr ich, dass Gerhard Enser von der CDU vor zehn Jahren aus Bayern gekommen war, um die Gemeinde im Osten wieder auf Vordermann zu bringen. Und heute sollte die neugestaltete Grünanlage eingeweiht werden.

Als Enser an uns vorbeiging, stellte ich mich vor und fragte, warum das Spielen auf diesem Platz verboten sei. Enser lächelte mich routiniert an und erklärte, dass wir uns hier vor dem Anni-Krauss-Denkmal befänden, dem Denkmal einer vom Faschismus ermordeten jungen Frau, daher sei das Spielen auf dem Platz natürlich verboten.

»Vom Faschismus ermordet? Und was sind das für Gerätschaften?« Ich zeigte auf die zwei Hundekotbehälter, die rechts und links von dem Mahnmal positioniert waren.

Bürgermeister Enser ist für jede Anregung dankbar.

»Also, das ist jetzt natürlich ... ein Sprung, der etwas schwierig ist.« Die städtischen Beamten hinter uns verstummten. In Anbetracht unserer Zuhörer und der Anwesenheit eines Vertreters der vierten Gewalt beschloss Enser, das Gespräch professionell zu Ende zu bringen. »Diese Gerätschaften dienen dazu, dass man die Exkremente der Hunde aufnehmen kann. Sie können die dann entsprechend in den Behältern entsorgen«, sagte er und lächelte.

»In welchem Zusammenhang stehen die Hundekotbehälter zum Hitler-Faschismus und zum Mahnmal?«, fragte ich.

Das Lächeln von Herrn Enser verschwand, er kam ins Schwimmen, seine Stimme wurde deutlich leiser. »Das ist ein Zentrum ... ein Mittelpunkt hier ... wo sich die Bürger ... bewegen und von daher ist das an den Stellen ... offensichtlich ... hier äh ... angebracht ... worden.«

Wütend winkte der Bürgermeister dem für die Planung zuständigen Beamten. Aber auch der konnte, trotz umständlicher Durchsicht seiner Planungsunterlagen, keinen tieferen Grund für die spannungsreiche Nachbarschaft von Hundekotbehältern und Gedächtnisanlage nennen. Schließlich sammelte sich die für kurze Zeit in Unordnung geratene Delegation wieder und schritt weiter in Richtung Siedlungseingang.

Hier war inzwischen ein kleiner Festakt vorbereitet worden, an dem, neben den rund zwanzig städtischen Angestellten, auch eine Handvoll Bürger teilnahmen. Bürgermeister Enser hatte eine Rede vorbereitet. Nach einigen einleitenden Worten kam er dann zu seinem Lieblingsthema: »... haben wir hier zum ersten Mal auch wirklich das notwendige Material, für das, was da übrig bleibt, wenn wir mit unseren kleinen Lieblingen spazieren gehen. Also meines Erachtens: ein großer Wurf. Und jetzt müssen wir das nur noch freigeben. Und da sage ich: Band zu mir.«

Ein vorbereitetes rotes Band wurde quer über die Straße hinweg gespannt, und ich erklärte mich spontan bereit, dieses festliche Zeichen eines gartenarchitektonischen Neuanfangs in Stahnsdorf mit meinem Taschenmesser zu durchtrennen. Während sich drei ältere Stahnsdorfer Bürger abmühten, das zähe rote Band mit stumpfen Scheren zu zerschneiden, durchtrennte meine rasiermesserscharfe Klinge das Hoheitszeichen im ersten Anlauf, und ich gab den Weg frei in die neue mit allem Komfort ausgestattete Gedenkgrünanlagenwelt. Den allgemeinen Jubel nutzte ich, um mich aus dem Stahnsdorfer Staub zu machen.

Als ich am Anni-Krauss-Denkmal vorbeikam, sah ich, dass zwei Gartenarbeiter mittelschweres Gerät aus einem Lastwagen luden. Sie seien angewiesen, erzählten sie, den Festakt abzuwarten, um sodann unverzüglich die zwei das Denkmal flankierenden Hundetoiletten zu demontieren.

Beglückt von diesem ersten gartengestalterischen Erfolg meines Lebens, machte ich mich auf den Weg Richtung Schönefeld. Und obwohl sich eine geradezu entmutigend schnurgerade, bis zum Horizont reichende Asphaltpiste vor meinen Füßen entrollte, marschierte ich zuversichtlich in die langsam aufsteigende Augustschwüle. Stahnsdorf blieb

Das Betreten von Betriebsgelände war in der DDR verboten. Deswegen konnte praktisch kaum gearbeitet werden, der Staatskonkurs war vorprogrammiert.

hinter mir zurück. Aber es war ein anderes Stahnsdorf, das da hinter mir lag als jenes, das ich zwei Stunden zuvor betreten hatte.

Bürgermeister Enser war in den Osten gezogen, um an einem historischen Gestaltungsprozess teilzuhaben. Dass dieser Prozess Kollateralschäden verursachen würde, musste auch Enser gewusst haben, als er seine Heimat verließ.

In der Nähe des Schönefelder Flughafens stieß ich auf rätselhafte Überreste der untergegangenen DDR-Kultur. Ich musste nur einen verrotteten Zaun überwinden, um in einem Tarkowskij-Filmset der absoluten Spitzenklasse zu stehen. Mehrere ausgeräumte Trafohäuser am Rande des Geländes muteten mit ihren leeren Betongruben an wie die Grabanlage eines archaischen Herrschergeschlechts. Durch die Streben gusseiserner Gullideckel reckten sich Birkenzweige zum Licht.

Zwei mit dunkelblauen Glasplatten verkleidete, dreistöckige DDR-Zweckbauten wurden vor meinen Augen von der Zeit verschluckt. In armdicken Strängen hatte sich die Vegetation zuerst den asphaltierten Parkplatz zwischen den beiden Gebäuderiegeln zurückerobert und dann auch die Häuser fast vollständig überwuchert. Wehrlos glotzte das Gebäude mit leeren Fensterhöhlen in den grünen Rachen von Mutter Natur.

Allem Anschein nach handelte es sich um Dreigeschosser aus den frühen Siebzigern des vergangenen Jahrhunderts. Für diese klassischen Beispiele der DDR-Moderne schien sich allerdings aus architekturhistorischer Sicht noch niemand zu interessieren.

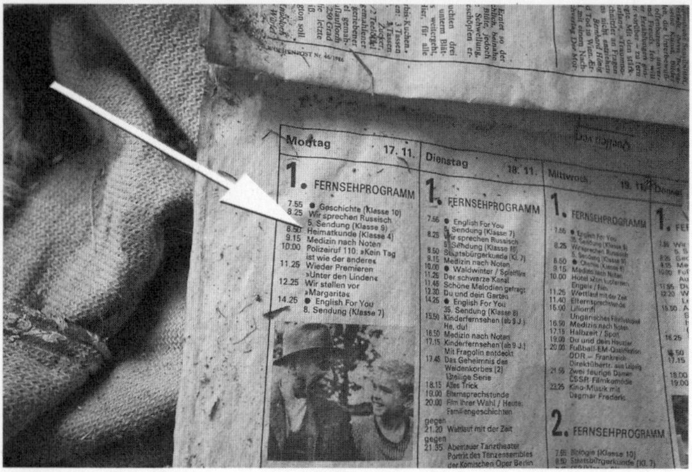

Die DDR war keine klassenlose Gesellschaft. Die 4. Klasse z. B. musste um 8.50 Uhr vor dem Fernseher sitzen und »Heimatkunde« schauen.

Durch brusthohes Gras kämpfte ich mich über das Grundstück. Ein verwitterter Waggon der deutschen Reichsbahn stand schienenlos im Gras, als sei er vom Himmel gefallen. Im vergilbten Innenraum hingen Kabel von der Decke, ein Stuhl stand mitten im Raum, davor lag ein Exemplar der Neuen Berliner Illustrierten von 1987. »Tradition einer Freundschaft«, las ich. »Erich Honecker, der amtierende Generalsekretär des ZK der SED hat Besuch von Jaso Tse Yang, dem Ministerpräsidenten der Volksrepublik China.« Und zwei Seiten weiter: »Es war wie im Bürgerkrieg. Bilder zum Besuch des USA-Präsidenten Reagan in Berlin (West).«

Hinter dem Waggon stand ein windschiefes Holzregal, randvoll mit Porzellan aus DDR-Produktion. Natürlich in-

Zugdurchsagen, die man nicht so gerne hört: »Unser Zug hat zur Zeit eine Verspätung von ungefähr 23 Jahren. Außerdem ist die Lok weg. Und unser ganzes Land auch.«

teressierte mich, ob die Untertassen der Reichsbahnbaudirektion fliegen können. Ich nahm eine der Untertassen in die Hand, drehte mich wie ein Diskuswerfer um meine eigene Achse und schleuderte sie in die Höhe. In einem eleganten Bogen stieg sie auf und segelte krachend in eine der blauen Glasverkleidungen im dritten Stock. Das Ergebnis war eindrucksvoll: Ein mehrere Quadratmeter großes Fassadenteil löste sich vor meinen Augen in Zeitlupe in tausend Splitter auf und fiel in einer riesigen Staubwolke krachend zu Boden.

In einem aus Kindheitstagen stammenden Reflex drehte ich mich um, bereit, sofort die Flucht zu ergreifen. Dann fiel mir ein, dass ich ja erwachsen war und mir – zumal hier in den Kolonien – kaum etwas passieren konnte.

DER MANN AM FLUGHAFEN

Ein übermannshoher Drahtzaun versperrte mir den Weg. Ich hakte meine Finger ein, zog mich hoch und stellte fest, dass ich an der äußeren Begrenzung eines Flughafens hing.

Zehn Jahre nach dem Ende des Dritten Reichs war Schönefeld zum DDR-Zentral- und Regierungsflughafen ausgebaut worden. Von hier aus brach Erich Honecker zu Staatsbesuchen ins sozialistische Ausland auf, hier empfing er die Gesandten der Bruderstaaten. Wenn es einen Flughafen gab auf der Welt, auf dem wirklich innig geküsst worden war, dann zweifellos Schönefeld.

Im Vordergrund die legendäre Straßenleuchte: Narva BG 0 Typ 5211–0793–04.

Hier waren Heimatbasis und Drehkreuz der DDR-Fluggesellschaft Interflug gewesen. Nachdem die Übernahmephantasien der westdeutschen Lufthansa in der Nachwendezeit vom Bundeskartellamt empfindlich gestört worden waren, wurde das einstige ostdeutsche Prestigeunternehmen auf Beschluss der Treuhand in einem der üblichen undurchsichtigen Verfahren liquidiert. Über 40 russische Maschinen wurden verkauft oder verschrottet, drei nagelneue Airbusse aber landeten bei der bundesdeutschen Flugbereitschaft. Sie sind heute offizielle Regierungsflugzeuge, tragen die Namen »Konrad Adenauer«, »Theodor Heuss« und »Kurt Schumacher« und transportieren bisweilen die Kanzlerin.

Ich starrte durch den Drahtzaun. Es hatte eine gewisse innere Logik, dass die ehemalige Sekretärin für Agitation und Propaganda der FDJ, Angela Merkel, mit den Maschinen der ehemaligen staatlichen Fluggesellschaft der DDR fliegt. Der Kreis würde sich vollends schließen, wenn der Berliner Flughafen Tegel stillgelegt und Merkel dann wieder – wie früher – hier im Südosten der Hauptstadt starten und landen würde.

BBI, Berlin Brandenburg International sollte der Flughafen später offiziell heißen und inoffiziell den Beinamen Willy-Brandt-Flughafen tragen. Willy mit »y«, nicht mit »i« wie der Frankfurter Willi-Brandt-Platz damals, als Oberbürgermeister von Schoeler sich strahlend unter dem frisch enthüllten Straßenschild für die *Bild*-Zeitung fotografieren ließ.

Heute aber starten in Schönefeld selten Staatsratsvorsitzende, nur noch Billigfluglinien. Ich lief am Zaun entlang, bis eine quer über mir hängende Abgasfahne die Einflugschneise markierte. In ihrer Mitte, direkt am Zaun, stand ein etwa 55-jähriger Mann mit seinem grünen Diamant-Herrenrad und starrte konzentriert in die Luft. Er trug kurze Hosen, Sandalen, nicht mehr ganz weiße Socken, einen Schurrbart und eine riesengroße Hornbrille.

»Warten Sie auf eine Maschine?«, fragte ich.

»Nee. Ich warte nicht.«

»Hier kommen nämlich gleich Flugzeuge«, sagte ich, um das Gespräch in Gang zu halten.

»Ja«, sagte er, ohne mich anzuschauen.

»Da kommt schon eins!«

»Das wird wieder eine Easy sein«, diagnostizierte der Fachmann.

Ein paar Minuten standen wir stumm nebeneinander und starrten gemeinsam in den Himmel, der größer werdenden Maschine entgegen.

»Sind Sie aus der Gegend?«, fragte ich.

»Ja«, antwortete er.

Das Flugzeug sank immer tiefer und ging auf potentiellen Kollisionskurs mit uns. »Ach, dann kennen Sie das, was da so runterkommt?«

»Meistens Billigflieger. Die Easy, die fliegt da ja in einer Tour. Also immer so stündlich, und dann kommen immer fünfe, sechse gleich hintereinander.«

»Ist das belastend, wenn man hier wohnt?«

»Ja.«

Eine Weile beobachteten wir schweigend den Sinkflug der Maschine, deren Abgasfahne jetzt deutlich zu sehen war.

»Ich hab das noch nie aus der Nähe gehört«, sagte ich, »wie hört sich das denn an?«

»Das ist unheimlicher Lärm«, sagte er, ohne den Blick von der Maschine zu nehmen.

»Wie muss man sich das vorstellen?«, hakte ich nach. »Wie einen Presslufthammer? Oder eher wie eine laut aufgedrehte AC/DC-Platte, das Frühwerk natürlich …«

»Nee, wie soll ich sagen?« Er dachte jetzt angestrengt nach. »Ist schlecht zu erklären. Ist unheimlich schriller Lärm.«

»Schrill?«

»Ja. Richtig schrill.«

»Und was ist das gerade?« Ich zeigte auf einen Hubschrauber, der seitlich in geringer Höhe auf uns zugeflogen kam.

»Ein Hubschrauber«, sagte er, ohne hinzusehen. Konzentriert beobachtete er weiterhin den Sinkflug der Maschine.

»Das erkennen Sie am Geräusch, oder?«, sagte ich anerkennend.

»Ja.«

»Mit was kann man das vergleichen, Fluglärm? Kreissäge?«

»Ja. Kreissäge könnte schon hinkommen, der schrille Lärm.«

Während wir weiter den Landeanflug der Easyjetmaschine beobachteten, erklärte mir der Mann, dass er sich mit der Zeit an den Lärm gewöhnt habe. Er hatte Lärmschutzfenster eingebaut, und das reichte ihm als Lärmschutz. Sein Schwager hingegen wohnte direkt in der Einflugschneise und musste sich immer Ohropax in die Ohren stecken.

»Merkt man ihm das an, wenn man mit dem redet?«, schrie ich.

»Man gewöhnt sich dran, wissen Sie«, schrie er zurück.

Ich konnte ihn kaum noch verstehen. »An den Fluglärm?«

»Ja, an den Fluglärm«, rief er in den Fluglärm, »die sind dran gewöhnt. Die vermissen das, wenn mal Ruhe ist …«

Die Maschine war jetzt genau über uns, ein großer silberner Metallbauch glitt unfassbar langsam über unsere Köpfe hinweg.

»Das ist Easy, E-A-S-Y! Das sehen Sie an der roten Lackierung, D-I-E R-O-T-E L-A-C-K-I-E-R-U-N-G! Das sind doch alles die Billig … B-I-L-L-I-G-F-L-I-E-G-E-R!!!«

Ich konnte einzelne Gesichter hinter den Fenstern der Maschine erkennen. 100 Meter jenseits des Zauns setzte der Koloss auf, erst mit dem linken Rad, es staubte, dann mit dem rechten Rad.

»Und das haben Sie 40-mal am Tag? Ist ja Wahnsinn. Schwerhörig sind Sie noch nicht, oder?«, fragte ich erschöpft.

»Bitte?« Er beugte sich zu mir.

»Schwerhörig sind Sie nicht, oder?«, schrie ich.

»Nein, bis jetzt noch nicht.« Er sah mich entrüstet an. Dann schaute er nach dem nächsten Lichtpunkt der im Blau des Himmels hin- und herschwankte.

»Na gut, dann alles Gute weiterhin«, sagte ich und warf mir meinen Rucksack über die Schulter.

»Ja, danke«, rief er, ohne den Blick von dem Lichtpunkt abzuwenden.

DER POOL

Ich folgte der Abgasfahne einer A 320 aus Mallorca, die sich wenige Meter über meinem Kopf im Anflug befand, und landete meinerseits direkt in der Kleingartenkolonie von Bohnsdorf. Viele der Gartenhäuser in der Einflugschneise waren zu respektablen Wohnsitzen ausgebaut worden. Ich ging direkt auf einen Schrebergarten zu, der mit einer barock anmutenden Inszenierung aus Kunststoffrehen, Kunststoffhasen und Gartenzwergen auftrumpfte. In einer schattigen Laube neben einem kleinen runden Gartenpool saß ein Mann in schwarzroter Badehose und las Zeitung.

»Sie haben es aber nett hier«, log ich.

»Ja, vielen Dank, das wissen wir!« Selbstzufrieden strich sich der Mann über den Bauch.

»Sind Sie heute schon geschwommen?«

»Ein bisschen frisch im Moment, aber meine Frau geht bestimmt rein.«

Nachdem ich die stilsichere Platzierung der Kunststofftiere gelobt hatte, wurde ich mit einer Einladung in das Bohnsdorfer Gartenreich belohnt. Und mit einem Vortrag darüber, dass man zu Ostzeiten das für diese Traumdatsche benötigte Baumaterial keineswegs einfach so hätte kaufen können. Der redselige Eigentümer erklärte mir, dass er so manches Brett buchstäblich auf der Straße gefunden, mit nach Hause genommen, geschliffen, gestrichen und es dann wieder verarbeitet habe. Ich hatte früher oft Hobbythek gesehen, Jean Pütz war mir kein Unbekannter, und in den frühen 90er Jahren war ich um meine Wohnung im Scheunenviertel in Berlin-Mitte herum selbst oft auf Bretterjagd gegangen, einfach um Holz für meinen Badeofen zu fangen; dennoch tat ich vorsichtshalber beeindruckt. Heute sei das dagegen alles eher eine finanzielle Frage, was man sich leisten könne oder nicht.

»Darf ich mal Ihren Swimmingpool ausprobieren?«, unterbrach ich die anschwellende Kapitalismuskritik. »Ich bin nämlich schon sieben Tage unterwegs. Ich hab mich länger nicht mehr gewaschen, insofern … Darf ich?«

»Öh, ja, Sie können gerne reingehen, bitte.«

Ich legte meinen Rucksack ab und entkleidete mich bis auf eine schwarze Schiesser-Unterhose, die zur Not auch als Badehose durchgehen mochte. Als ich auf die Leiter an der

Wer zu einer fremden Dame in den Pool steigt, sollte das mit dem entsprechenden Respekt tun.

Poolumrandung stieg, sah ich direkt vor mir eine ältere Dame, die Gattin des Bastlers, die sich bis dahin eher im Hintergrund gehalten hatte, mit blauweißem Badeanzug und mehreren Bruttoregistertonnen Wasserverdrängung im kühlen Nass treiben, das bei näherer Betrachtung auch gar nicht mehr so einladend aussah. Tatsächlich wirkte es eher grünlich, und obwohl es höchstens einen halben Meter tief war, war der Grund nicht zu erkennen. Aber jetzt konnte ich nicht mehr zurück, ohne das Gesicht zu verlieren.

»Guten Tag, ich heiße Martin«, stellte ich mich vor.

»Angenehm, Mettmann«, erwiderte meine Gastgeberin, umklammerte ein aufblasbares Krokodil und bot mir höflich eine Kunststoffschlange an. Ich setzte vorsichtig einen Fuß in den Pool, zog den anderen nach und verfiel sofort in eine Art Schockstarre. Das Wasser war eiskalt.

»Heute spricht man ja von diesen sogenannten Warmduschern«, meinte der Hausherr.

»Ich bin ein Warmduscher?«, fragte ich ungläubig.

»Ansonsten wären Sie schon drin, also …« Seine restlichen Worte gingen im stärker werdenden Fluglärm unter.

Mir reichte es, beleidigen konnte ich schließlich auch: »Wissen Sie, dass Sie eine ziemlich große Nase haben?«

»Ja, ich weiß«, rief er zurück.

In diesem Moment tauchte nicht allzu hoch über uns eine alte Passagiermaschine auf, die mit ohrenbetäubendem Lärm zur Landung ansetzte und den Umkehrschub aktivierte, während ich zu beobachten meinte, wie eine schwarze Kerosinwolke über der Kleingartenanlage niederging. Ein eindrucksvolles Schauspiel, das aus dem Pool der Mettmanns alle paar Minuten zu beobachten sein musste.

Im Garten direkt hatte es bisher noch keine außerplanmäßige Landung gegeben, konnte mich der Gartenbesitzer beruhigen. Allerdings war 1986 300 Meter von ihrem Grundstück entfernt eine Maschine abgestürzt.

»Und haben Sie das mitgekriegt?«

»Na ja, mitgekriegt, wie gesagt, das ist wie eine Detonation im Prinzip, also der Aufschlag selber, der ist sehr dumpf, und dann wurde es taghell aufgrund dieser Explosion von dem Restkerosin, das da drin war ...« Herr Mettmann strich sich in kreisförmigen Bewegungen über den Bauch. »Und dann gab es diese leichten Nachdetonationen, wenn das Pflaster anfängt zu brennen. Und dann kam eine kleine Explosion.«

Nach der Explosion habe er erst mal überlegen müssen, was passiert ist, weil hinter seinem Grundstück auch die Bahngleise verliefen. Als Erstes habe er vermutet, dass ein größerer LKW mit einem Tankwagen der Bahn kollidiert und im Prinzip explodiert sei. Er formte mit den Armen einen Feuerball. Seine Frau sei zur Weihnachtsfeier gewesen. An ein Flugzeug habe ja keiner gedacht.

Also wie Krieg sei es hier bei ihnen, alle zwei Jahre, meldete sich seine Frau aus dem Pool, während sie näher an uns heranpaddelte, nämlich zur Flugausstellung. »Die Düsenjäger drehen hier«, rief sie, ohne das Kunststoffkrokodil loszulassen. Sie zeichnete mit einem Arm achterbahnförmige Linien in den Himmel, während sie mit dem anderen so heftig paddelte, dass sie sich im Kreis drehte.

»Nach so einem Flugzeugabsturz, schläft man da in den folgenden Tagen eigentlich schlecht?«, fragte ich.

Ein Leben in der Einflugschneise ist oft aufregender, als es auf den ersten Blick aussieht.

»Ich weiß nicht. Wollen wir mal so sagen: Waren Sie schon mal an einem Autounfall beteiligt?« Der Poolbesitzer stellte sich mit verschränkten Armen vor mich.

»Ja«, gab ich zu, »aber das Auto ist nicht explodiert.«

Das habe mit der Explosion eigentlich nichts zu tun, erwiderte er. Wenn man sich ewig Gedanken machen würde, dann könne man ja nie mehr ruhig schlafen.

Bei der Havarie der Tupolew Tu-134 hinter seinem Gartenzaun waren 1986 72 Passagiere gestorben. Ich war plötzlich ganz froh, dass ich in Herrn Mettmanns privatem Löschwasserteich stand. Andererseits merkte ich allmählich, dass ich mit beiden Füßen in einer froschgrünen Suppe stand und dass sich Schleim zu verteilen begann, seit die übergewichtige Nixe begonnen hatte, mit den Beinen zu strampeln. Mit einem Satz war ich zurück an Land.

Wer will, kann auch heute noch an der Mauer wohnen: Bohnsdorf A117.

Sorgfältig trocknete ich mir Beine und Zehen mit meinem T-Shirt ab. Dann fragte ich den Poolbesitzer nach der Ursache der mittlerweile grellgrün fluoreszierenden Wasserfarbe.

Der Poolbesitzer kratzte sich am Kopf und starrte in die trübe Brühe. Jetzt sei der Swimmingpool ein bisschen umgekippt, so nenne man das in Fachkreisen. Und derzeit sei ihr Auto in der Werkstatt, dadurch komme er schlecht an das Zeug ran. »Also an die Chemikalien, die man eben rinmacht, det Chlor und dieses PH-Zeugs.«

Mein Gastgeber strich sich über den Bauch, und wir schauten eine Weile gemeinsam den faserigen, weißlichen Gebilden im Wasser zu, die wie die Paare auf dem Wiener Opernball majestätisch langsam durch den Bakteriencocktail wirbelten.

»Also, wie gesagt, wirklich, das ist das erste Mal seit drei Jahren, dass das Wasser so derart, jetzt so ein bisschen trübe ist.«

»Seit drei Jahren ist das Wasser da drin?«, fragte ich.

Das Wasser bleibe immer drin, immer, wiederholte er fast trotzig und trat einen Schritt vom Becken zurück. Man könne sich heutzutage gar nicht mehr erlauben zu wechseln, bei den Wasserpreisen, die man jetzt habe. Und von der Sache her habe das immer geklappt. Nur im Moment sei das Wasser ein bisschen milchig. Es müsse eben unbedingt wieder mit Chlor aufgefrischt werden.

Immerhin bestand damit wohl nicht die Gefahr einer Chlorverätzung, und soweit ich wusste, konnte Bakterienschlamm nicht durch die Haut in den Körper eindringen. Ich hoffte es zumindest.

Wieder angezogen, packte ich meine Sachen, wünschte dem Ehepaar alles Gute und verließ die Gefahrenzone.

PENSION SCHWALBE

Ich lief eine schmale Landstraße entlang, bis ich zu einer Bushaltestelle kam. »Bohnsdorfer Weg« stand auf dem schmalen Haltestellenschild, das an zwei Scharnieren aufgehängt war und im Wind schaukelte. Das rhythmisch wiederkehrende Geräusch, das dabei erzeugt wurde, stand dem quietschenden Windrad in der Eröffnung von *Spiel mir das Lied vom Tod* in nichts nach.

Ein Blick auf den Fahrplan machte mir bewusst, wie nah ich dem Zentrum Berlins war. Ich hätte mich in den nächs-

Die städtebaulich spannende Komposition aus Mehrgeschossern und flachen Versorgungsbauten erhält ihre dynamische Komponente durch den frech aus dem Lot gerückten Laternenpfahl.

ten Bus setzten und in einer halben Stunde am Alexanderplatz sein können. Aber waren Alexander von Humboldt oder Claude Lévi-Strauss während ihrer Expeditionen mit dem Bus nach Hause gefahren? Nein.

Auf der Suche nach einer Bleibe für die Nacht umrundete ich das Flughafengelände.

Da mein Reisebudget nicht mehr als 30 Euro pro Nacht vorsah, kam das Internationale Airport-Hotel nicht in Frage. Es ging schon auf 22 Uhr zu, und ich brauchte schnell einen Tipp. In einer an den Flughafen grenzenden Plattenbausiedlung begegneten mir zwei Mädchen, die auf dem Bürgersteig standen und rauchten.

»Wo ist denn hier ein billiges Hotel oder eine Pension?«, fragte ich.

»Da drüben«, sagten die beiden gleichzeitig und zeigten auf ein niedriges, komplett im Dunkeln liegendes Gebäude. »Und da gegenüber müssen Sie den Schlüssel holen, an der Hotelrezeption.«

»Vielen Dank. Heee, dürft Ihr eigentlich schon rauchen?« fragte ich.

»Ja«, sagte die eine.

»Ja«, sagte die andere.

»Wie alt seid ihr denn?«, fragte ich.

»14«, sagte die eine.

»Und wieso seid ihr um diese Uhrzeit noch draußen?«

»Was soll ich denn zu Hause?«

»Wir können ja Pornos gucken«, sagte die eine, und beide Pubertanten kicherten hysterisch.

»Was macht ihr jetzt? Gibt es hier eine Disco oder so was?«

»Nee.«

»Was macht ihr denn dann abends?«

»Rumhängen. Scheiße machen wir«, sagte die eine.

»Und was macht man hier für Scheiße?«

»Nichts. Das ist ja das Problem«, sagte die andere.

Das Unterhaltungsangebot für unternehmungslustige Teenager war in der Tat nicht gerade berauschend. Ein Imbiss auf der einen, die trostlose Hotelbar auf der anderen Straßenseite, dahinter verlor sich die Straße im Nichts. Wir standen zwischen drei renovierungsbedürftigen Zehngeschossern. Ein Mann und sein Hund auf der Suche nach einer ansprechenden Geschäftsstelle vervollständigten das extrem partyfeindliche Umfeld. Die beiden jungen Damen standen hier herum wie zwei Außerirdische auf der Suche nach ihrem Raumschiff.

»Seid ihr Schwestern?«, fragte ich.

»Nö«, sagte die eine.

»Sehen wir uns so ähnlich?«, fragte die andere.

Ich versuchte einen Unterschied zwischen den brünetten Gören zu finden. Beide trugen Jeans und ein helles Top, das den Bauch freiließ, und beide hatten die gleiche Frisur. Die eine war eine Spur kleiner als die andere.

»Wir sind nur allerbeste Freundinnen.«

»Wir machen uns alles nach. Wir haben sogar die gleichen Klamotten im Schrank!« Beide quietschten vor Vergnügen.

»Wisst ihr eigentlich, was die DDR war?«, fragte ich.

»Weeß ick nich, was das heißt, irgendwie ...«, sagte die eine.

»Deutsche Demokratische Republik«, sagte ich.

»Genau. Und die BDR gab es auch noch«, erinnerte sich die eine.

»Und was war die DDR?«, fragte ich.

»Warte mal, ich wusste das mal«, sagte die eine.

»DDR war so was wie Krieg, glaube ich«, präzisierte die andere.

»So zwei getrennte Hälften, so DDR und …«, ergänzte die eine.

»Und welche war die bessere?«

»Osten«, entfuhr es der einen.

»Wieso?«, fragte ich.

»Weil Osten besser ist«, sagte sie trotzig.

»Wessis, die sollen sich verpissen, die können nach Hause gehen«, kicherte die andere. »Mein Vater sagt, dass die DDR gut war.«

»Glaubt ihr ihm das?«

»Ja. Ich glaube meinem Papa, warum sollte der mich anlügen?«, fragte die eine und lachte.

»Gute Frage«, sagte ich und lachte mit. »So, ich such mir jetzt ein Zimmer, und ihr geht jetzt ins Bett!«

»Wir gehen noch ein bisschen rumlaufen.«

»Gut, geht ihr noch ein bisschen rumlaufen und dann ab ins Bett. Gute Nacht.«

»Gute Nacht«, sagten die beiden.

Ich ging zur Hotelrezeption und bat um ein Zimmer in der Pension gegenüber. Zwanzig Euro für die Übernachtung in einer ehemaligen DDR-Baracke, verglichen mit den Zimmerpreisen im Umfeld anderer Großflughäfen war das eigentlich nicht schlecht.

Bevor ich zu dem einstöckigen Spritzputzbau hinüberging, brauchte ich noch einen Schlaftrunk. Ich nahm einen großen Schlüssel entgegen, der auf eine nicht übertrieben komplexe Sicherheitstechnik in der Pension schließen ließ, und bog in die Hotelbar ab. Den Tresen hielt eine lärmende Horde Bahnarbeiter besetzt. Die Pioniere, die das Schienennetz bauten, auf dem später einmal die Berliner S-Bahn ihren routinierten Notbetrieb aufnehmen sollte, hatten den gesamten Thekenbereich abgeriegelt und ließen keine Lücke für meine Bestellung offen. Ich brüllte meinen Getränkewunsch über die Menschenmauer, die sich keinen Millimeter rührte, und bekam ein handwarmes Bier über die Köpfe hinweg gereicht. In einer Ecke setzte ich mich an den letzten freien Tisch und streckte die Beine aus.

Unter dem Tisch lagen ein paar Bierdeckel. Sofort musste ich an die »Alte Gaststätte Holling« zurückdenken, mitten in der Osnabrücker Altstadt. Mit 16 hatten wir dort das Biertrinken erlernt und waren der traditionsreichen Fachwerkkneipe auch über das Abitur hinaus mindestens ein Jahrzehnt treu geblieben. Ein großer Vorteil der Lokalität war, dass für jedes Bier, das man bestellte, lediglich ein Strich auf dem Bierdeckel gemacht wurde, den man an die Theke reichte. Unnötig zu erwähnen, dass wir jahrelang mit doppelter Bierdeckelführung arbeiteten, die überflüssigen Deckel nach mehrstündigen Trinkereien einfach unter den Tisch fallen ließen und die Bierpreise damit auf ein sozialverträgliches Niveau senkten. Wer gute Nerven hatte, war auch in der Lage, nach Bestellen einer Runde – Runden wurden als D-Mark-Beträge notiert – auf dem Deckel lediglich die Stelle mit dem entsprechend hohen Betrag mit Bier anzufeuchten und abzurubbeln. Aber genau wie das Einreiben von Busfahrscheinen mit Kerzenwachs, das dann den

Stempelaufdruck des Entwerters aufnahm und ein leichtes Entfernen ermöglichte, kamen diese Techniken nach der Studienzeit aus der Mode und werden erst in den kommenden Wirtschaftskrisen wieder Bedeutung erlangen.

Zügig trank ich mein Bier aus, zahlte den vollen Preis und ging dann zu meiner Unterkunft hinüber. Die Baracke war stockfinster. Nur eine bläuliche Neonreklame mit dem absurden Schriftzug »Pension Schwalbe« versuchte halbherzig, das Horrorszenario ein wenig zu mildern. Ich nahm all meinen Mut zusammen und trat ein. Die nicht allzu geringe Zeitspanne vom Betätigen des Lichtschalters bis zum Aufflammen der Neonröhren wurde von einem deutlichen Klacken mit anschließendem Summton überbrückt: Strom strömte hörbar. Ein anderer Sinneseindruck jedoch war deutlich schneller. Es roch penetrant nach »Wofasept«, dem beliebten Desinfektionsmittel der DDR. Und das ist ein Geruch, der jeden Gedanken an Spaß im Keim erstickt und wegdesinfiziert, unter Umständen für immer.

Ein Vorbild für viele

Gehilfin Möhlau von Halle II ist der Stolz des ganzen Betriebes. Wie oft schon überraschte der Erfindungsreichtum, mit dem sie die Produktion in ihrem Bereich verbessern half. Sie zeigt damit, daß es durchaus nicht nur Männersache ist, bessere und neue Wege zu finden. Doch auch sonst beweist Friedel Möhlau lebensbejahenden Sinn: Trotz fast männlicher Entschlußkraft bewahrt sie sich stets ihren fraulichen Reiz. Wie adrett sie aber auch wirkt – selbst in dem schlichten Arbeitskleid wie die

Sauberkeit selbst. Wie viele kluge Frauen erhält sie sich ihren tatenfrohen Sinn nicht zuletzt durch aufmerksamste Körperpflege.
Handeln Sie doch ebenfalls so klug! Verwenden Sie zur intimen Körperpflege regelmäßig WOFASEPT spezial, das neue fein abgestimmte Antiseptikum. Es schenkt Ihnen Selbstsicherheit und schützt Sie vor Bakterien. Es beseitigt auch jenen peinlichen Körpergeruch, den man selbst oft gar nicht bemerkt. Mit einem Wort: WOFASEPT spezial macht frisch, sauber und keimfrei. Frauen unserer Zeit sollten es stets im Hause haben.

Wofasept-Reklametext aus den 50er Jahren

Im Sommer 1990, als wir regelmäßig auf Expedition durch die unzähligen verlassenen Wohnungen in Berlin-Mitte gingen, hatte ich einmal in einer Treppenhaustoilette einen kleinen Karton mit Totenkopfaufdruck sichergestellt, der einen DDR-Luftverbesserer enthielt. Ich legte die Schachtel in den Kofferraum und fuhr los. Zehn Minuten später musste ich die Fenster öffnen. Das ganze Auto stank derart nach DDR, dass ich nach – unverbesserter – Luft rang. Ich war zwei Minuten mit weit geöffneten Fenstern gefahren, als ich anfing zu würgen. Also fuhr ich auf einen Parkplatz und wickelte das Höllenteil in eine Plastiktüte. Doch auch durch diese luftdicht versiegelte Hülle quoll weiterhin der unsägliche Geruch. Jetzt wollte ich es wissen: Der Karton in der Tüte kam in eine weitere Tüte, wurde mit Paketklebeband versiegelt und in einem kleinen Werkzeugkoffer verstaut. Dann deponierte ich die Versuchsanordnung auf dem

Der Mix macht's ...

Das Fragmentarische menschlicher Existenz kommt durch die unregelmäßige, spielerische Schichtung der Einfassungsmauern zum Ausdruck. Ein Kaugummiautomat gibt dem spannungsreichen Ensemble Halt.

Balkon und kontrollierte das Paket einmal im Jahr. Noch Jahre später drang der penetrante Geruch durch alle Hüllen hindurch. DDR-Luftverbesserungssteine waren für die olfaktorische Ewigkeit gemacht.

Auf der rechten Seite des langen trostlosen Flurs, von dem links und rechts unbelegte Zimmer abgingen, die teilweise mit Briefkästen versehen waren, gab es einen Aufenthaltsraum, der laut Hinweisschild für jede Art zweckdienlicher Benutzung bis 22 Uhr freigegeben war. Ob zwischen grauem PVC-Belag, einer vertrockneten Zimmerpflanze und einer Sitzgruppe aus DDR-Tagen je von diesem Angebot Gebrauch gemacht worden war, ließ sich nicht mit Sicherheit sagen.

Mein kleines Zimmer war im Stil der neuen Zeit möbliert: ein klappriger Lamellenschrank, ein Holztisch nach bayerischer Art mit zwei passenden Sitzgelegenheiten, ein geöffneter DDR-Kleinkühlschrank, ein gelbliches Waschbecken, in das Wasser tropfte, eine offensichtlich trotz der hochsommerlichen Temperaturen gut funktionierende Heizung. Und sogar zwei Ikea-Betten, eins östlich, eins westlich vom Tisch. Ich setzte mich und überlegte, auf welcher Seite ich schlafen sollte.

Die Mädchen in Schönefeld waren sich erstaunlich sicher, dass es im Osten besser war. Und das sogar, ohne die alten Zeiten zu kennen. Ich dagegen kannte die alten Zeiten. 1988, ein Jahr vor dem Mauerfall, war ich zu Besuch in Sachsen gewesen. Ich war nach einer Slalomfahrt spät nachts in Dresden angekommen. Die Autobahnausfahrt in die sächsische Hauptstadt führte damals noch überraschend im rechten Winkel ab. Zu DDR-Zeiten war das nicht gefährlich, da man sich auf dem Teilstück ohnehin nur im Schritttempo über die mit bombenkratergroßen Schlaglöchern übersäte Fahrbahn vorantasten konnte.

Mein Ziel war die Wohnung eines Dresdner Uhrmachers gewesen, der mich freundlicherweise eingeladen hatte, da ich über keinerlei Verwandtschaft im Osten verfügte. Mehrere Wochen nach dem Ausfüllen zahlloser Formulare hatte ich von der DDR-Regierung einen Besuchstermin diktiert bekommen. Ich kannte den Uhrmacher nicht. Die Adresse hatte mir ein Freund vermittelt, ein Sachse, der zehn Jahre zuvor aus Dresden geflüchtet war. Er hatte die sympathische Angewohnheit, mich nach seiner Arbeit regelmäßig zu besuchen, sich eine Dose Bier aus dem Kühlschrank zu holen, eine Zigarette zu rollen, auf einen Stuhl neben mich zu setzen und einzuschlafen. So verbrachten wir viele gemütliche Abende, an denen ich einiges über die Verfasstheit des Zonenbürgers im Allgemeinen und die des Sachsen im Besonderen erfuhr. 1988 wollte ich mir dann persönlich ein Bild von dem Land machen, aus dem diese ganz und gar entspannte Kreatur geflohen war.

Nachdem ich die Autobahn verlassen hatte, verlor ich sofort die Orientierung. Es war stockfinster. Es war so unfassbar dunkel in Sachsen, dass ich an jeder Straßenkreuzung ausstieg, mich zur nächstliegenden Hauswand vortastete und mit meiner Taschenlampe die bröckelnden Fassaden nach einem Straßenschild absuchte. Meine Bemühungen hatten zwei Dresdner auf einem Motorradgespann mit Beiwagen, einer MZ 250/1, beobachtet. Nach-

Das Warenangebot verbirgt sich hinter dem Vorhang. Ein Verkaufstrick, mit dem schon zu DDR-Zeiten so viele neugierige Kunden in den Laden gelockt wurden, dass es lange Warteschlangen vor den Geschäften gab.

dem sie meinen schrottreifen japanischen Kleinwagen ausgiebig bewundert hatten, boten sie mir an, mich zur angegebenen Adresse zu eskortieren. Ich heftete mich an das winzige Rücklicht der MZ und fuhr durch eine gespenstische Kulisse zerbombter Schlösser, abgebrochener Industrieschornsteine und eingestürzter Kirchen. Nach einer Ewigkeit hielten wir vor dem Haus des Uhrmachers, in einer Straße, in der fast alle Häuser eingestürzt waren und die von »Jack the Ripper«- Gaslaternen beleuchtet wurde. Ich klingelte und erfuhr, dass mein unbekannter Bekannter tags zuvor mit einer Gallenkolik ins Krankenhaus eingeliefert worden war. Das erzählte mir seine Mutter, die mir, schon im Nachthemd, die Türe öffnete und mich außerordentlich herzlich empfing.

Eine Woche später, nach seiner Genesung, hatte ich das Vergnügen, den Uhrmacher durch einen exemplarischen Arbeitstag begleiten zu dürfen.

Der ledige junge Mann wohnte mit seiner Mutter zusammen in einem Ladengeschäft mit integrierter Wohnung. Morgens um acht streifte er einen verwaschenen weißen Kittel über, ließ sich von seiner Mutter eine Tasse Kaffee in die Hand drücken, ging die drei Stufen in den winzigen Laden hinunter und schloss ihn auf. Das kleine Schaufenster, in dem drei alte Wecker lagen, war sorgfältig verhängt, damit man nicht in das Innere schauen konnte, wo der Mittelständler nun frühstückte. Wir saßen gemeinsam den gan-

Auf dem Land oft noch verfügbar: Typische DDR-Dunkelheit.

zen Tag zwischen den alten tickenden Uhren und warteten auf Kundschaft. Am frühen Nachmittag brachte ein junges Mädchen ein Armband mit defekter Schließe. Dann kehrte wieder Ruhe ein, bis kurz vor vier eine alte Dame einen ebenso alten Wecker mit der Bitte um Reparatur abgab. Nachdem der Uhrmacher den Wecker eingetütet, beschriftet und zu den anderen Weckern in die Schublade gelegt hatte, schloss er den Laden wieder ab, hängte seinen Kittel an den dafür vorgesehenen Nagel, stieg die drei Stufen zur Wohnung seiner Mutter empor und setzte sich an den Abendbrottisch, während auf der gegenüberliegenden Straßenseite ein Haus lautlos in einer Staubwolke zusammenbrach.

Damals hatte ich kurz überlegt, in Dresden zu bleiben, Uhrmacher zu werden und einen mehrtausendseitigen Roman zur Phänomenologie der Zeit zu schreiben.

DER FLEISCHER

Es ist nicht so, dass ich jeden Tag das Bedürfnis hätte, zum Frühstück Schweinebraten und Klöße zu essen. Aber in dieser Nacht hatte ich geträumt, ich sei bei der Ausreise aus der DDR erst kontrolliert und dann festgenommen worden. Die Grenzschnüffler hatten in meinem Gepäck einen Toilettenstein gefunden, und das reichte aus, um mich in eine winzige graue Zelle zu befördern, in der es nichts gab als die daseinsdominierende Gegenwart von Wofasept.

Als ich endlich wieder aus diesem Alptraum erwachte, lag ich in einer winzigen grauen Zelle, in der es nichts gab als die daseinsdominierende Gegenwart von Wofasept. Auf dem schnellsten Wege verließ ich die Pension Schwalbe.

Ich brauchte dringend frische Luft. Unmengen frischer Luft. Ich lief los und saugte ganze Kubikmeter in meine Lungen, bis die letzten Moleküle des DDR-Desinfektionsmittels herausventiliert waren.

Gegen Mittag hielt ich dann an einem Imbiss. »Was Pückler unter den Fürsten, ist Krause unter den Würsten!« Wer hätte an dieser Holztafel vorbeigehen können? Ein willensstarker Veganer vermutlich. Ich nicht.

Über die ostdeutsche Imbisskultur könnte man mehrere Bücher schreiben. Ein ganzes Volk hatte sich fast ausschließlich von Schweinefleisch ernährt, entweder in Form von Schweinesteak Hawaii (Funktionäre, Hochzeitsgäste) oder in Form von Wurst (Arbeiter, Funktionäre, Hochzeitsgäste).

Alle fehlenden Nährstoffe wurden über Speiseeis zugeführt, speziell über Softeis. Eis konnte man in der DDR immer und überall bekommen. Selbst in Zeiten, da Westdeutschland unter akutem Speiseeismangel litt, weil alle italienischen Eisverkäufer vor dem unbarmherzigen deutschen Winter nach Italien geflohen waren, aßen die DDR-Bürger Eis. Ich habe es mit eigenen Augen gesehen: Eine endlose Schlange vor dem Speiseeisstand in Dresden, 1988, mitten im Januar.

Noch heute ist der Speiseeisverzehr in den neuen Bundesländern gefährlich hoch. Ebenso wie natürlich auch die Spaßbad-, Nagelstudio- und Dessousladendichte weit über den für einen gesunden Volkskörper vertretbaren Grenzwerten liegt.

Nach der Wende war die Nachfrage nach deutschen Wurstwaren sprunghaft in die Höhe geschnellt, und zahllose Bürger der neuen Bundesländer waren auf die originelle unternehmerische Idee gekommen, einen Imbiss zu eröffnen. Es gingen Geschichten um von sagenhaft reichen Wurstverkäufern, die sich innerhalb weniger Jahre eine Mercedes-S-Klasse zusammengegrillt hätten. Fast jeder Wurstbudenbesitzer kannte so eine Geschichte oder jemanden, der sie überzeugend erzählen konnte. Und fast jeder Budengastronom konnte innerhalb weniger Nanosekunden vorrechnen, wie sagenhaft schnell wurstbasierter Reichtum erlangt werden kann. Die Rechnung war einfach: Eine möglichst billige Wurst einkaufen, sie in möglichst billigem Fett braten und dann möglichst schnell verkaufen. Aber gerade bei Wurstbuden zählt natürlich die Lage, und man brauchte Beziehungen wie zu DDR-Zeiten, damit man schlussendlich auch auf dem richtigen Autobahnparkplatz stand.

Hinter Imbissbuden waren oft Plastikkanister in den Boden eingegraben, in die das alte, manchmal sehr alte, meist aber viel zu alte Fett gekippt wurde. Auf meine Frage, wer diese Sauerei eigentlich entsorgt, hatte mir ein hauptberuflicher Budenbesitzer einmal verraten, dass dies ein klassischer Job ehemaliger Stasileute sei. Sein Fettentsorger kam auch kurz darauf mit einer alten Schubkarre die Straße hoch, buddelte zwei Behälter aus und verschwand mit ihnen zur Übergabe an einen geheimen Ort.

Bei Krauses Imbiss war das anders. Er lag im Innenhof einer Schlachterei. Ich bestellte und setzte mich an einen großen Holztisch, an dem die Nachbarschaft zu gepflegter Konversation zusammengekommen war.

Ich saß bereits, als ich bemerkte, neben wem ich Platz genommen hatte: Es war der Chef persönlich. Der Schlachtermeister, der wie alle Schlachtermeister eine blau-weiß gestreifte Jacke und ein dazu passendes fleischwurstfarbenes Gesicht trug, sah es als seine Pflicht an, mich während des Essens zu unterhalten.

»Also, ich hab mal meine Arbeitsstunden zusammengezählt, 75 bis 80 Arbeitsstunden in der Woche. Das ist knallhart. Da freuen wir uns denn, wenn einmal ein Sonntag frei ist.«

»Das war früher auch anders, oder?«

»Na ja, klar, da war es noch mit Geld in der Tasche. Da konnte ich sogar Handwerker bezahlen.«

Da saß er also, der Prototyp des Jammer-Ossis, von dem

ich schon viel gehört hatte. Während ich seine Roulade aß, sollte ich mir stellvertretend für den ganzen arroganten Westen seine Litanei anhören. Das war der Deal. Ich machte das Beste aus der Situation und fragte ihn aus.

»Aber woher hatten Sie das Geld zu Ostzeiten?«

»Na, wir haben ganz andere Umsätze gehabt wie jetzt. Da haben wir jede Woche vier, fünf Tonnen Fleisch verkauft, da standen sie Schlange. Und ich hatte hier bis zu 14 Leute, Lehrlinge, drei Verkäuferinnen. Sogar die Stasi aß bei uns.«

Nun waren wir beim Thema. Der Metzger war sein Leben lang von der Stasi observiert worden. Jeden Dienstag und Donnerstag hatte er Besuch: zwei freundliche Herren in grauen Anzügen.

»Das waren ganz nette Leute. Nach zwei Jahren haben sie gewechselt, kamen ein Mann und eine Frau. Die kenn ich heute noch. Der eine kommt mich noch besuchen. Sind keine schlechten Leute, aber die haben einen eben immer kontrolliert.«

»Wissen die Leute im Dorf, dass die bei der Stasi waren?«

»Das hat man dann schon gemerkt. Und der eine hat mir mal geflüstert: Du musst dich von einigen Freunden trennen. Da haben wir uns von der Frau Schuldirektor und so getrennt. Aber mein Nachbar, ein Doktor, von dem haben wir uns nicht getrennt. Und dann kam die Wende, und es kam raus, der war sogar Stasi-Offizier. Und jetzt ist er SPD-Chef. Er hat das so gerechtfertigt, dass er es machen musste, weil er einen Sprachfehler hat, er stottert ein bisschen.«

»Musste man in die Stasi, wenn man einen Sprachfehler hatte?«

»Ach, musste man nicht. Der wollte vorwärtskommen beruflich, nehme ich an ...«

Bis 1998 warfen Krauses Imbiss und die Schlachterei so viel Profit ab, dass er für eine halbe Million Euro Maschinen kaufen konnte. Dann liefen die Geschäfte nicht mehr so gut. Schlachter Krause machte für seine wirtschaftliche Lage den Staat verantwortlich, der die Menschen krank und nervlich kaputt mache: Deutschland befinde sich in einem Teufelskreis, der sich durch die Globalisierung weiter verstärke. Durch den hohen Druck auf die deutschen Löhne würden die Armen immer ärmer, aber für die könne es ja potentiell sowieso nur aufwärtsgehen, während es für die Wohlhabenden – und hier zeigte er auf sich – eigentlich nur noch bergab gehe.

»War es denn zu DDR-Zeiten besser?«, wollte ich wissen.

Das fand Schlachter Krause wiederum auch nicht. Kurz vor der Wende hatte er vom Rat des Kreises ein Schreiben bekommen, in dem er angehalten wurde, Leistung und Qualität seines Betriebes zu verbessern. Dabei habe er schon gearbeitet, dass ihm und seiner Belegschaft die Zunge raushing. »Dann kam der Hammer: Für das letzte Quartal '89 hat man mir zwei Kilogramm Pfeffer zugeteilt.« Er machte eine dramatische Pause. »Zwei Kilo!« Schlachter Krause war daraufhin in alle HO-Läden gerannt, um kleine Pfeffertüten aufzukaufen, denn mit zwei Kilo Pfeffer konnte er gerade mal zwei Stunden wursten. Es herrschte Chaos. Verzweifelt, ja apathisch hatte er an seinem Schreibtisch gesessen. Er musste doch Geld verdienen, Löhne bezahlen.

Und dann kam die Wende, und Krause hatte jede Menge Illusionen. Als erster Imbissbetreiber vor Ort hatte er in den

Aufbau Ost bedeutet oft auch Abbau Ost (und umgekehrt).

besten Jahren 31 Tonnen Bratwurst abgesetzt. Dann war die Konkurrenz aus dem Westen gekommen, hatte die Fördermittel abgegriffen und war wieder verschwunden. Mittlerweile verkaufte er gerade mal noch zehn Tonnen aus Eigenproduktion. Die großen Märkte machten ihm alles kaputt.

Bei OBI hatte Herr Krause mal mit seinem Besuch aus Russland eine Thüringer Rostbratwurst gegessen. Hundefutter sei das gewesen, beinahe hätten sie die weggeschmissen, aber nur beinahe, schließlich habe die Wurst 1,50 Euro gekostet. Seine eigenen verkauft Krause für einen Euro.

»Ich habe auch Angst vor Deutschland, wie es jetzt alles ist. Das ist nicht gesund so. Freitags kommt mein Lieferant aus Leipzig, wo ich Gewürze und Därme kaufe. Vor vierzehn Tagen war der hier, und wir kamen auf die Halberstädter Bockwurst zu sprechen, die war früher eine Delikatesse.

Halberstädter kannst du heute vergessen. Nur noch schwammig. Und der fragt mich, was denkst du, wie viel Fleisch noch in der Bockwurst ist. Ich sage: 75 Prozent Fleisch, verschiedene Sorten. Und dann noch 25 Prozent Feuchtigkeit. Muss rein, sonst wäre sie ja trocken. Hat er nur gelacht. Sagt er: fünf Prozent!«

»Moment, und die übrigen 95, was ist der Rest?« 95 Prozent meines Essens blieb mir gerade im Halse stecken.

»Soja und … und …« Fleischer Krause rang nach Worten. »Also, der hat aufgezählt, da müsste ich Apotheker studiert haben, um die Worte noch mal wiederzubringen.«

»Wie, und das wird als Wurst verkauft?«

»So geht das lang. Es geht alles um Geld. Aber Sie können beruhigt sein, bei mir ist Reinheitsgebot, da gibt es so

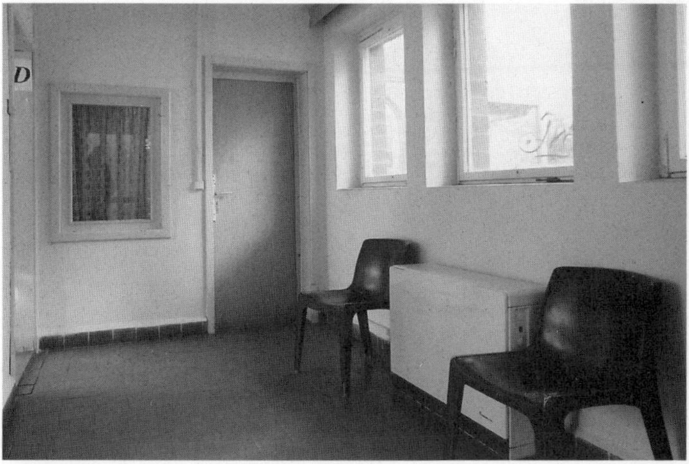

In der DDR war nicht alles schlecht: gut waren z.B. die Sitzgelegenheiten vor der Toilette, wenn der Behördenschalter gerade mal wieder für drei Wochen geschlossen war.

was nicht. Das ist Schweinebraten, also 100 Prozent Tier, da ist nichts drinne.«

Ich stand auf, bezahlte und beschloss, mein Leben umgehend zu ändern. Ich wollte mich in Zukunft für eine gerechte Welt stark machen, in der ostdeutsche Schlachtermeister wieder an die Zukunft glauben konnten.

DER BERLINER

Zwei Stunden später hatte ich immer noch guten Tiergeschmack auf der Zunge. Ich folgte einem kleinen Pfad einen Hügel hinauf, bog oben um eine Kehre – und schrak zurück: Direkt vor mir stand ein bulliger, etwa 60jähriger Glatzkopf mit einem Feldstecher und einer kleinen Frau, die sich hinter ihm versteckte. Unter dem Feldstecher befand sich ein riesiger Schnauzer und darunter eine Berliner Schnauze. Und zwar eine ortskundige, wie sich schnell herausstellte.

»Ein paar hundert Meter entfernt ist die Mauer verlaufen«, belehrte mich der Kahlkopf.

Der Pfad war als ehemaliger Zollweg für Fußgänger gesperrt gewesen. »Einen halben Meter dahinter war die Grenze. Ein durchsichtiger Stahlzaun hat da gestanden, ganz was Feines.« Der Glatzkopf rümpfte die Nase und zog den Schnurrbart verächtlich nach oben. »80 Meter Niemandsland dahinter, in dem Hunde herumliefen. Zur Fütterung der Hunde kam jeden Abend ein Jeep mit Volkspolizisten angefahren. Die warfen das Futter einfach über den Zaun. Die Hunde lebten also quasi wild, weil der Bereich schlecht einsehbar war für die DDR-Grenzer, trotz der vier Wachtürme. Ein ständiges Bellen und Kläffen, ein Tohuwabohu war das, Tag und Nacht.« Wegen der Hunde hatte es an dieser Stelle der Grenze nie einen Fluchtversuch gegeben.

»Eigentlich bin ich Maurer«, erzählte der Schnauzbart,

»ich habe früher für eine große Hoch- und Tiefbau-Firma gearbeitet.«

Nach der Wende sollte er in Schönefeld ein Terminal mauern. Dabei traf er eine der DDR-Zöllnerinnen wieder, die ihn vor 1989 mal gepiesackt hatte, eine von den kleinen quadratischen, bösartigen, sächsischen Zöllnerinnen. Frustrierte kleine Zonenungeheuer waren das. Die Zöllnerin arbeitete inzwischen bei der Security und wollte ihn nicht ins Terminal lassen. Und drei Monate zuvor hatte sie den Schnauzbart noch an der DDR-Grenze eine halbe Stunde stehenlassen – ohne jeden Grund, nur wegen einer kleinen Bemerkung seinerseits. Als sie damals in sein Handschuhfach reinfasste, sagte er: »Otto, jetzt haben sie dich erwischt!« Danach ließ das Weib ihn drei Stunden im Regen stehen. Und seine Frau musste alle Koffer aufmachen.

»Der habe ich aber Bescheid gegeben!«, blökte er mich an, »›Wenn Sie mich nicht sofort durchlassen, fangen Sie sich eine ein!‹ Also am Flughafenterminal natürlich, nicht an der Grenze.« Der Berliner Schnauzer redete sich in Fahrt. Eine Kollegin der quadratischen Zöllnerin habe ihm erzählt, dass die andere schon immer so boshaft gewesen sei. Im Osten sei doch einer dem anderen sein Deibel gewesen.

Während wir uns unterhielten, blieb die Begleiterin des Schnauzbartes beharrlich hinter ihm in Deckung.

»Das ist die Cousine meiner Frau«, entschuldigte er sich bei mir, »die ist aus Thüringen und etwas scheu. Ich habe auch Bekannte gehabt drüben.«

Seine Bekannten lernte er auf einer Bulgarienreise kennen. Eine Familie aus Leipzig. Es wurde eine Freundschaft über fast 20 Jahre. Und als die Mauer aufgemacht wurde, hieß es von denen: »Ja, sicher, wir kommen euch mal besuchen.« Der Leipziger kaufte sich als Erstes ein Auto in Westberlin. Aber die Zeit, dem Schnauzbart und seiner Frau einen Besuch abzustatten, die hatte er nicht. Als der Sachse dann doch irgendwann mal kam, ließ er ihn vor der Tür stehen. Hast einen schönen Mercedes, rief der Schnauzbart seinem sächsischen Freund zu, wirst es noch nach Leipzig schaffen. Und tschüss.

Ich lieh mir sein Fernglas aus und blickte in Richtung Osten. Dann schaute ich auf den Berliner herunter und fragte, ob es ihn störe, dass die Westdeutschen so ein bisschen auf Berliner wie ihn herunterschauten. Der Blick des Schnurrbarts richtete sich auf mich. Es war der Blick eines Mannes, der bereit war, Amok zu laufen, wenn nötig.

»Westdeutsche – hör'n Se uff!«

Der Berliner hatte Westdeutsche erlebt im Urlaub, in Österreich.

»Da hab ich einem Westdeutschen erzählt, dass ich durch die Grenze, durch die DDR fahren musste. Da hat der mich gefragt, warum ich denn nicht hintenrum fahre! Hintenrum!« Der Schnauzbart zitterte vor Wut. Er riss mir das Fernglas aus der Hand.

»Die meisten Westdeutschen haben doch Berlin gar nicht gekannt!«, schrie er. »Die haben gar nicht gewusst, dass die Berliner eingemauert waren!«

»Sie haben recht«, sagte ich, »und schön ist ja auch nicht, dass man im Westen sagt, die Berliner müssten so ein bisschen von ihrer Mitnahmementalität runterkommen. Dass die immer alles reingeschoben bekommen haben, Subventionen und so.«

Der Mann mit der Mitnahmementalität explodierte fast: »Das ist doch der allergrößte Blödsinn! Wer hier in Berlin gearbeitet hat, hat die Berlin-Hilfe genauso bezahlt wie jeder drüben in Westdeutschland auch! Oder meinen Sie, ich hab was geschenkt gekriegt?«

Er kam wieder drei Schritte auf mich zu, hob den Arm und fuchtelte mit seinem Zeigefinger vor meiner Nase. »Die Autobahngebühren, die ich bezahlen musste! Und für den Hund musste ich sogar extra bezahlen. Und wenn die Ossis mich mal geblitzt hatten, waren das nicht so 20 Ostmark oder was, das waren gleich 100 DM!«

»Da war die Berlin-Zulage von drei Tagen gleich wieder weg«, stimmte ich zu. Von meinem Mitgefühl beeindruckt, beruhigte sich der Choleriker vor mir allmählich wieder.

Seine Berlin-Zulage hatte der Mann immer im Osten gelassen. Wenn er die 15 DM Eintrittsgeld umgetauscht hatte, die er in Ostmark bekam, wusste er nicht, was er mit dem Geld machen sollte. Zu kaufen habe es ja praktisch nichts gegeben. Deswegen habe er das Geld immer den Ostdeutschen in die Hand gedrückt und gesagt: Macht damit, was ihr wollt.

»Warum, konnte man da nichts kaufen?«, fragte ich höflich. »Kleidung zum Beispiel?«

»Kleidung? Im Osten?!« Er schaute mich an, als wäre ich der Verrückte von uns beiden. »Die Schneiderleute, die da drüben gearbeitet haben, die haben für die großen West-Konzerne geschneidert oder was, die haben dafür 'nen Appel und 'n Ei gekriegt. Für einen Anzug, der Sie hier 500 DM gekostet hat, haben die 42 Ostmark gekriegt. Waren Sie schon mal in Österreich?«

Man glaubt gar nicht, was es in diesem von außen relativ schlicht gehaltenen Laden alles für tolle Sachen nicht zu kaufen gibt.

Ich nickte.

»Wenn Sie da was angezogen haben, das hat alles gekratzt, das Material.«

»In Österreich?«

»In Österreich. Da habe ich auch genug Verwandte.«

Ich verstand: Im Grunde genommen gab es keinen Unterschied zwischen Ossis und Ösis. Hier wie da gab es keine vernünftigen Klamotten und keine vernünftigen Leute.

Für einen waschechten Westberliner existierte 20 Jahre nach dem Fall der Mauer nichts und niemand außerhalb seiner nur noch gedachten Halbstadtgrenzen, das oder den er auch nur einigermaßen annehmbar gefunden hätte. Über 40 Jahre hatte der Westberliner in einer völlig einzigartigen Abgeschnittenheit verbracht. Das Misstrauen, das sich gegenüber Andersartigen in der Folge herausgebildet hatte, war evolutionstheoretisch entschuldbar. Und natürlich hochkomisch, wenn man bedachte, was für korrupte, unfähige und bestenfalls mittelmäßige Köpfe auch heute noch in Wirtschaft und Landespolitik die Geschicke der Stadt bestimmten.

»Wenn Sie mal was ganz Besonderes haben wollten«, fuhr der Schnauzer fort, »dann mussten Sie zu solchen Leuten

Wandernde Romantiker finden an jeder Biegung des Weges einen sowjetischen Tanklaster, um den Blick auf das Nebelmeer eines untergegangenen Staates zu genießen.

hingehen, die selbst geschneidert haben. Da wurde dann getauscht.«

»Und was haben Sie eingetauscht? Kaffee?«, fragte ich.

»Na, das lassen Sie sich von ihr erzählen.« Er zerrte seine Cousine aus Eisenach hinter seinem Rücken hervor und platzierte sie sprechbereit in meinem Gesichtsfeld. »Sie ist zwar ein bisschen ängstlich …«

Die Cousine lächelte schief, blieb aber vollkommen stumm. Er sprach jetzt über ihren Kopf hinweg. »Wir haben viel getauscht: Naturalien und alles so was.«

»Stimmt es eigentlich, dass Leute aus der DDR besonders scheu sind?«, fragte ich ihn und musterte die immer noch schief lächelnd dastehende Eisenacherin.

Der Schnauzbart schob seine Cousine noch ein Stück weiter in meine Richtung. Ich wich unwillkürlich zurück und kollidierte mit zwei weiteren stummen Frauen, die hinter mir auf dem Pfad auftauchten. Als ich mich wieder umdrehte, war der Berliner Schnauzbart schon ein paar Meter weitergegangen. Eigentlich keine schlechte Entwicklung.

TRABBIMANN

Eine halbe Stunde war ich schon durch eine Waldsiedlung gelaufen. Die Straßen bestanden aus Sand oder einem Buckelpflaster aus der Vorkriegszeit. An einem Gartenzaun hatte ich mich mit einem Opernsänger unterhalten, der so freundlich war, ein paar Arien aus *Madame Butterfly* für mich zu singen und mir dann nahelegte, auch noch den »Trabbimann« zu besuchen. Der Trabbimann war Kfz-Mechaniker und hatte zu DDR-Zeiten die einzige Autowerkstatt im Bezirk gehabt.

Sein Haus war leicht zu erkennen, er hatte drei Trabbis im Garten stehen. Der Trabbimann selbst öffnete auf mein Klingeln und bat mich in seine Garage. Er trug eine Brille, kurze Hosen und ein kurzärmeliges Hemd, damit seine Sachen nicht schmutzig wurden, wenn er seine Arme oder Beine in einen seiner Trabanten stecken musste. Ich klopfte prüfend gegen den Kotflügel eines herumstehenden Automobils.

»Ja, das sind nicht mehr wie früher verspinnbare Wollfäden mit Phenolharz getränkt, gepresst und ausgehärtet. So war das damals definiert, die haben eine geringe Masse, und das ist natürlich auch sehr druckfest. Das ist meine Frau hier.« Der Mann hatte sieben Trabbis und eine Frau namens Uschi, die ich höflich begrüßte.

»Das ist Pappe. Duroplast. Pappe rostet ja nicht«, erklärte der Automobilist.

Viele Erfolgsgeschichten begannen in einer Garage. Microsoft-Chef Bill Gates und die Google-Gründer Page und Brin hatten Glück: Sie arbeiteten in Garagen mit Türgriffen und konnten herauskommen, als ihre Entwicklungen marktreif waren.

»Plaste und Elaste aus Schkopau« – dieser Werbeschriftzug über der Transitstrecke nach Berlin hatte sich so tief in meine Hirnrinde gegraben, dass er reflexhaft zum Vorschein kam, sobald ich ein Stück DDR-Plastik vor mir sah. Die Transitstrecken waren sehr monoton gewesen, und man hatte höllisch aufpassen müssen, dass man die zulässige Höchstgeschwindigkeit um keinen Zehntelkilometer überschritt. Passierte es doch, sprang sofort ein Abschnittsbevollmächtigter aus dem Gestrüpp, mit dem klaren Auftrag, jeden Verkehrssünder zu stoppen, anzuschreien und Westgeld von ihm zu verlangen. Das mit dem Geld hatte mich nie wirklich gestört. Im Gegenteil, ich war dankbar, wenn es einen handfesten Grund gab, einem dieser armseligen Vopos in diesem todtraurigen Land ein paar Mark zuzustecken. Am liebsten hätte ich ihnen eine ordentliche Uniform und einen vernünftigen Dienstwagen gekauft. Wenn sie in ihren verschossenen Klamotten neben ihren hässlichen Ladas standen und froren, konnten sie einem wirklich leidtun. Wir nannten das »Entwicklungshilfe Ost« und sahen es als unsere Pflicht an, denn in unseren Augen waren diese Menschen bettelarm. Es war schließlich für beide Seiten entwürdigend genug, dass man jede Reise zu Bekannten in der Zone mit Sekt und Bananen bewaffnet antreten musste. Im Auto stritten wir uns immer, wer den Sekt überreichen durfte und wer die Bananen. Ich war jedes Mal froh, wenn ich meine Bananen endlich los war. Bei der Übergabe selbst schaute ich immer interessiert auf den Boden oder in die Luft.

Einmal kam eine bildhübsche junge Ostberlinerin zu Besuch, und unsere Bekannten sagten zu ihr, sie bekäme eine Banane ab, wenn sie bei ihr Wäsche waschen könnten. Ich fühlte mich schlecht.

Ich fühlte mich jedes Mal schlecht. Die ostdeutschen Bekannten jammerten und klagten in einem fort, als wäre es ihre erste Bürgerpflicht, als würden sie dafür bezahlt. Und das wurden sie ja auch. Im Gegenzug erhielten sie schließlich nicht nur Südfrüchte und Schaumwein, sondern auch den erbaulichen Anblick unserer betroffenen, in verständnisvollem Nicken erstarrten Gesichter. Ich hoffte in jeder Minute, bald wieder nach Hause zu dürfen. Es war wie ein

Krankenhausbesuch bei einem hoffnungslos sterbenskranken Patienten.

Ich hatte regelmäßig eine junge Familie in Ostberlin besucht. Vater, Mutter und ein kleines Kind. Nach dem üblichen Begrüßungsritual mit Sekt und Bananen wurden im Wohnzimmer Schnittchen gereicht. Da ich nicht nur Angst hatte, den Ossis was wegzufressen, sondern auch der grauen Leberwurst nicht recht traute, kam ich von diesen Besuchen regelmäßig hungrig zurück.

Um der häuslichen Peinlichkeit ein Ende zu bereiten, schlugen meine Bekannten zumeist schnell einen Spaziergang zum Brandenburger Tor vor. Von der Ostseite aus schien das Tor unendlich weit entfernt zu liegen. Wir standen am Absperrzaun und schauten in den Westen hinüber, wo vor allem eins zu sehen war: Licht, gutes, helles Westlicht.

Die gespenstische Stille befestigter Grenzanlagen hatte über dem Pariser Platz gelegen, jäh unterbrochen vom ursprünglichen Wissensdurst eines fünfjährigen Kindes: »Mutti, was ist da drüben?«

An die ungelenken Erklärungsversuche der Eltern erinnere ich mich nicht mehr präzise, nur noch daran, dass wir mal wieder gerade noch rechtzeitig aus diesem Alptraum ausreisten. Beim Passieren der Grenze wich meine Beklemmung einer Leichtigkeit, einem Gefühl, vergleichbar allenfalls mit dem Ablegen eines zentnerschweren Rucksacks nach einer Tageswanderung. Gepaart mit schlechtem Gewissen, weil es Menschen gab, die in ihren beigefarbenen Windjacken dort zurückblieben. Zum Glück ließ sich der herbe Nachgeschmack mit ein paar Bier in einer Westberliner Kneipe leicht wegspülen.

Einen Trabanten stellten die Bürger der DDR gewöhnlich in ihrer Kraftwagenhalle ab. Autos passen dort nicht hinein.

Ich klopfte gegen einen hellblauen Trabanten. »Das ist Blech«, sagte der Trabbimann triumphierend. Das sei der 1.1er mit dem Viertakt-Motor, Baujahr 90, der habe diese Blechhaube. Wir drängten uns zwischen den dicht an dicht im Garten geparkten Trabanten hindurch und standen in der Garage. Seine ehemalige Werkstatt hatte er in ein fröhliches, farbenfrohes Privatmuseum umgestaltet. Bunt angestrichene Motorteile, Fähnchen, Wimpel, Werbeschilder waren zu lustigen Gruppen zusammengestellt, geordnet und beschriftet.

»Das ist nett. Das sah schon zu Ost-Zeiten so aus hier?«, fragte ich.

»Nein, das habe ich erst ’99 aufgebaut. Damals ist mir ein Trabbi abgebrannt, und da habe ich gesagt, so, jetzt holst du dir noch einen und dann holst du dir noch einen. Und dann habe ich gedacht, ach, machst du dir hier eine schöne Ausstellung. Früher haben wir ja hier drin gearbeitet.«

Zu DDR-Zeiten hatte der Mechaniker hier Trabbis repariert.

»Was ist denn der Unterschied zwischen einem Trabanten und einem richtigen Auto?«, fragte ich.

»Na ja, von der Definition her ist der Trabbi schon auch ein Auto«, stellte der Fachmann klar und las mir einen Text vor, den er auf die Seite eines aufgeschnittenen Trabanten geklebt hatte: »Das ist ein Stahlblechgerippe mit dem Plattformrahmen verschweißt und mit Duroplast verkleidet. Das ist dasselbe wie bei anderen Autos, bloß hat man hier eine Beplankung aus Duroplast, und sonst ist das Blech.«

»Das ist der einzige Unterschied?«

»Der einzige!«, entgegnete er.

Wenn man einen Golf nähme, das sei genau das Gleiche wie ein Trabbi. Ob der nun ein bisschen stabiler sei und ein bisschen mehr Knautschzone habe oder nicht, das sei eine andere Frage. Es sei nur eben so, dass diese Karosserie hier mit Plaste beplankt sei. Sein Blick gab mir unmissverständlich zu verstehen, dass er die Ausführungen, falls erforderlich, gern noch einmal wiederholen könnte. Wahrscheinlich, ging es mir durch den Kopf, verhielt es sich mit der DDR ähnlich. Im Prinzip war die DDR ein Staat wie jeder andere. Wenn man die alte BRD nahm, war das genau das Gleiche. Ob die nun ein bisschen mehr Demokratie hatte oder nicht, war eine andere Frage. Es war nur eben so, dass man in der DDR eingesperrt war und die Schnauze halten musste.

Blech sei das Hauptproblem in der DDR gewesen, erklärte der Trabbimann. Das Problem habe man mit Plaste gelöst. Man hätte eben das genommen, was es gab. Eigentlich sei in der DDR praktisch alles aus Plaste gewesen, selbst das Geschirr an Kiosken oder in Kantinen. Aber das hätte natürlich nichts mit der hochwertigen Trabbi-Plaste zu tun, der Mann legte die Hand liebevoll auf einen braunen Kotflügel. »Es gibt so viele Sorten von Plaste, da muss man glatt einen Chemiker fragen.«

Plastikgeschirr kannte ich nur aus den Zeltlagern meiner frühen Jugend. Im Osten dagegen hatte ich immer von Blechgeschirr gegessen. Ich erinnerte mich an das unfassbare Leichtgewicht des Bestecks im Warenhaus Maj, mitten in Prag. Zu Studienzeiten hatte ich einen Sommer in der tschechoslowakischen Hauptstadt verbracht, und nachdem der Statistiker Krähe und ich dort die Kaufhaus-Kantine entdeckt hatten, gingen wir kaum noch irgendwo anders hin.

Das aus den 70er Jahren stammende Gebäude war von unten bis oben mit lustigen Dingen gefüllt, zudem gab es in der Angestellten-Kantine gute tschechische Küche für Pfennigbeträge, bestes Bier und einen Ausblick auf ein paar der schönsten Jugendstil-Etagen der Stadt. Bedient wurde man dort von wortkargen massiven Angestellten, die aus gutem Grund nicht in Etagen mit Publikumsverkehr eingesetzt wurden und bei denen man trotz zum Teil beeindruckenden Bartwuchses nie genau wusste, ob es sich um Männer oder Frauen handelte.

Das Besteck traf ich dann in der Kantine des *Neuen Deutschland* in Ostberlin wieder, in der ich 1990 bisweilen mit den Redakteuren des *Eulenspiegel* zu Mittag aß. Genau wie der bizarre Geruch der Küche dort hatten sich mir die leicht herablassenden Blicke eingeprägt, die ölverschmierte Arbeiter aus der angeschlossenen Großdruckerei den Redakteuren im Fahrstuhl zuwarfen, wenn sie als Erste ihre Stockwerktaste drückten. Schließlich war die DDR ein Arbeiter-und-Bauern-, kein Redakteursstaat.

Ob es Gestalten wie Josef Ackermann nicht etwas erden würde, wenn sie ab und an mit ein paar arroganten, sich ihrer körperlichen Überlegenheit bewussten Arbeitern im Fahrstuhl konfrontiert würden? Oder Guido Westerwelle? Wahrscheinlich nicht. Wie hatte eine kultivierte 80-jährige Akademikerin neulich gesagt, als die Rede auf den Außenminister kam? »Dem könnte ich stundenlang in die Fresse schlagen, stun-den-lang!«

»Kann man sich hier reinsetzen, vorsichtig, oder ist das zu gefährlich?« Ich hatte noch nie in einem Trabanten gesessen und sah jetzt die einmalige Chance, diese existentielle Grunderfahrung nachzuholen.

Von dem Sitz des aufgeschnittenen Trabanten war das Polster entfernt worden, damit der wissensdurstige Ausstellungsbesucher das hochkomplexe Innenleben eines Trabantensitzes detailliert studieren konnte. Ich klammerte mich am Dach fest, klappte Ober- und Unterkörper scherenartig zusammen und versuchte, in den halben Trabanten hineinzutauchen.

»Gab es eigentlich verschiedene Größen für unterschiedlich große Leute?« Ich hatte ein halbes Bein im Fußraum des Fahrzeugs verstaut, der damit zu 90 Prozent ausgefüllt war.

»Nein, das ist alles eine Masche gewesen«, sagte der Autobesitzer, der mein Experiment voller Sorge verfolgte. Weniger aus Sorge um meine Gesundheit als um sein zentrales Ausstellungsstück. Inzwischen hatte ich mich in der Einstiegsöffnung verkeilt und kam nicht weiter. Vergeblich versuchte der Trabbimann, den Sitz von der anderen Seite her irgendwie zu bewegen. Aber die Stellung des Sitzes war gar nicht das Problem, vielmehr gelang es mir nicht, durch die offenbar von einer Sojuskapsel abgepauste Einstiegsluke des DDR-Autos zu kommen.

»Ich glaube, so richtig komme ich nicht rein hier.«

Aber es sei nichts verändert worden am Auto, erwiderte der Mann beleidigt.

»Wirklich? Da hätte ich mir, glaube ich, zu DDR-Zeiten einen Bus gekauft«, sagte ich, während ich mein Bein barg.

»Ja. Also, ich sehe schon, Sie sind sicher 1 Meter 90, was?«, sagte der Trabbimann vorwurfsvoll, als sei das Autofahren in der DDR selbstverständlich nur Zwergen vorbehalten gewesen. Um zu beweisen, dass sein Trabbi wunderbar funktionierte, schlug er die Tür zu. Dann zeigte er auf einen Haufen Altmetall neben mir, den er als Triebwerk bezeichnete. Triebwerk war ein großes Wort für einen Zweitaktmotor mit 18 PS, bei dem mindestens der Zylinderkopf fehlte.

»Der hieß Schimmel, der Fahrschimmel sozusagen.« Liebevoll tätschelte er den primitiven Motorblock.

Was für Gefühle würde dieser Mann wohl erst einem VW-Motorblock neueren Baujahrs entgegenbringen – zumal, wenn er wüsste, das die Motoren des Golf VI aus den einst tragenden Stahlstreben des mittlerweile demontierten Palastes der Republik hergestellt wurden. Als »Erichs Lampenladen« entsorgt wurde, obwohl das immer noch bestehende West-Berliner ICC die gefährlichere Asbestbelastung aufwies, hatte sich VW den Großteil der 20 000 Tonnen Stahlschrott gesichert. Und da der antifaschistische Schutzwall geschreddert und beim Bau bundesdeutscher Autobahnen nun horizontal verlegt worden war, konnte man heutzutage praktisch mit dem Palast der Republik über die Mauer fahren.

»Brauchte der eigentlich keine Zylinder irgendwo?«, fragte ich, während ich den Motor von allen Seiten betrachtete wie eine Kunstattrappe von Jonathan Meese.

»Doch, die saßen genau hier: eins, zwei.« Er tippte mit dem Finger auf die Stelle, wo die Zylinder sitzen sollten, aber nicht saßen.

Erstaunlich, dass dieses Gebilde einmal in der Lage gewesen war, eine ganze DDR-Familie an die Ostseeküste und zurück zu transportieren.

»Uschi, du kannst ja mal unsere Offerten holen! Hier, schauen Sie, da habe ich mal einen Trabbi verkaufen wollen und 201 Zuschriften bekommen«, erzählte der Trabbimann, während Uschi ihm einen Schuhkarton mit Briefen rüberreichte.

Er hatte einen Trabanten annonciert im Jahr 1971. Der Trabbimann streifte den Gummi von einem Packen vergilbter Papiere, zog einen Zettel heraus und las vor: »Habe Interesse für Ihren Trabant, zahle bar, um 9000 Mark, bitte um Nachricht, habe Busverbindung von hier bis Schönefeld Flughafen täglich. Hochachtungsvoll …«

Er blätterte weiter in dem Briefstapel und fand nach längerem Suchen ein Telegramm. »Kaufe Ihren angebotenen Trabant, gegen gute Bezahlung – das hat er unterstrichen –, erbitte Antwort.«

Die Gebrauchten seien zu DDR-Zeiten teurer gewesen, da man auf einen neuen Trabbi ewig warten musste. Die Eheleute hatten auf ihren ersten 13 Jahre gewartet. Der Mann zog einen vergilbten Zettel heraus. »Und dieser Trabant, gucken Sie mal, den habe ich gekauft am 13. 2. 1990. Den hatte ich beantragt am 13. 12. 1971.« 19 Jahre Lieferzeit für ein Auto aus Pappe. Ich starrte auf den Zettel. Da stand es schwarz auf weiß.

»Das heißt, Sie haben insgesamt 19 Jahre auf die Bestellung gewartet?« Ich schaute ihn ungläubig an. »Und ihn dann gekauft? Im Jahr 1990? Nach der Wende?!«

»Ja, ich hatte ihn doch bestellt! Und dann habe ich am 13. 2. 1990 gesagt, so, jetzt ärgerst du dich, jetzt nimmst du einen Trabant. Und dann habe ich einen Trabant gekauft. Für 11 526,60 D-Mark.«

»Haben Sie noch andere Bestellungen laufen, die jetzt irgendwann eintreffen, so von 1980?«, fragte ich.

»Nein, nein, das war die letzte Anmeldung. Wir waren da immer auf dem neuesten Stand, man hat ja so nach 15 Jahren dann mal nachgefragt. Die wurden immer länger, die Wartezeiten. Aber ich muss sagen, der war nachher gefallen im Preis. Eine Woche nach dem Kauf hätte ich für dieses Auto nur noch 2 000 Mark gekriegt.«

Der Trabbimann packte seine Briefe sorgfältig zusammen, verstaute sie im Pappkarton und ließ sie von Uschi wieder ins Regal schieben. Wir gingen nach draußen zur

Böse Zungen behaupten, DDR-Bonbons seien aus abgelutschten West-Bonbons hergestellt worden. Wenn es tatsächlich derartige Produktionsvorgänge gab, dann fanden sie sicherlich hinter solchen oder ähnlich blickdichten Fassaden statt.

Freilichttrabantenausstellung. Er strich zärtlich über die Dachkante eines heliotropfarbenen Trabanten. Zur Not konnte man so ein Auto auch zu zweit mal eben schnell zur Seite rücken oder in eine Parklücke hineinheben. Der Trabbimann hob sein Fahrzeug an. Früher hätten sie die Trabanten von den Chefs schon mal umgesetzt – vor allem die Jugendlichen hätten das gerne gemacht, einfach quer gestellt oder irgendwas. »Man konnte einen Trabbi auch einfach rausschieben, wenn man mal wirklich irgendwo steckenblieb. Das Auto wiegt ja nichts.«

Früher hatte der Trabbimann auch die Trabanten in der Nachbarschaft repariert. Meist hätten sie zu fünft Abendbrot gegessen, drei waren immer Leute mit defekten Autos. Bezahlt wurde auch mal mit einer Gegenleistung, einer Dachrinne, man habe einfach getauscht. Der eine hat dem anderen einen Gefallen getan, und umgekehrt. Und für ein paar Mark West hatte der Trabbimann sich wieder Werkzeug kaufen können.

»Heute lebt jeder für sich, die Nachbarn rümpfen die Nase, wenn sie einen Trabbi hören. Die stinken so. Aber früher haben sie selbst auch nichts anderes gefahren, sondern waren glücklich, wenn ihnen Vater oder Mutter so ein Ding gekauft haben!«

»Sind die Trabanten nach Ihrer Frau das Wichtigste in Ihrem Leben?«, fragte ich den Trabbimann, der zärtlich ein rehbraunes Modell streichelte.

»Ich würde sagen, meine Frau ist schon das Wichtigste.«

»Also, die Frau ist wichtiger als die Trabanten?«

»Ja, natürlich, kann doch gar nicht anders sein.«

»Na, es sind sieben Trabanten und eine Frau.«

»Sie wissen ja gar nicht, ob ich noch vielleicht vier Frauen irgendwo habe. Das werde ich Ihnen nicht verraten.«

»Gute Güte, Sie reparieren auch Frauen?«

»Na ja, ich weiß nicht, ob man da was reparieren kann. Am Auspuff sicher nicht.«

DIE ZWILLINGE

»Guten Tag. Ein Radler hätte ich gern.«

Ich war nach Schmöckwitz hineinmarschiert und stand nun an einem Bilderbuch-Kiosk mit einem Sonnenschirm, einem Tisch und vier Stühlen davor. Die Szene wurde abgerundet durch ein Zwillingspaar, zwei ältere Herren, die vor dem Kiosk Platz genommen hatten und Bier tranken. Als wollten sie die Vorbeikommenden veralbern, trugen beide die gleiche Frisur, weiße Kinnbärte, identische lachsfarbene Polohemden, Jeans, braune Schuhe und Brillen mit Goldrand im Ray-Ban-Stil. Ich fragte die Wahrnehmungsstörung, ob an ihrem Tisch noch ein Platz frei sei.

»Ja, bitte«, sagte der eine.

»Jetzt nicht mehr«, erwiderte der andere.

Ich lachte höflich und sagte: »Hat Ihnen schon mal jemand gesagt, dass Sie sich sehr ähnlich sehen?«

»Nee!«, krähte der eine Zwilling, bevor sie beide fröhlich in Gelächter ausbrachen.

Wer von beiden denn nun besser aussähe, fragte mich die linke Hälfte der vor mir sitzenden Stereoskopie. Ich fände, Sie sähen beide sehr gut und sehr gleich aus, antwortete ich salomonisch, während ich angestrengt nach sieben winzigen Fehlern in diesem lebenden Original-und-Fälschungs-Spiel forschte.

»Siehste, hab ich dir doch gesagt«, sagte das Original zur Fälschung, »du bildest dir nur ein, besser auszusehen.«

»Wirklich?«, zweifelte die Kopie, »aber ich sehe einfach besser aus. Und das ist auch logisch, du bist nämlich älter als ich.«

»Älter?«, schaltete ich mich schlichtend ein, »um wie viel denn?«

»Viertelstunde«, echoten beide.

Schon bei ihrer Geburt habe er seinen Bruder vorgeschickt, zwinkerte mir der jüngere Zwilling zu, damit der gucken konnte, ob die Luft rein war. Als Zweiter habe er sich auch nicht mehr so quälen müssen. Jetzt hätten sie allerdings ein gemeinsames Problem, erzählten sie mir. Sie suchten ein Doppelhaus. Noch wohnte einer im Norden, einer im Süden. Und nun wollten sie sich in der Mitte treffen. Aber ihre Frauen spielten nicht mit. Denn die Brüder wollten die eine Doppelhälfte bewohnen, und die Frauen sollten die andere Hälfte bekommen.

»Eine interessante Form des Zusammenlebens«, sagte ich und stichelte ein wenig: »Wer ist denn eigentlich der Intelligentere von Ihnen beiden?«

Da gebe es keine Unterschiede, waren sie sich einig.

Tja, allerdings, schob der eine nach, sei sein Bruder eigentlich nur Meister, er dagegen habe ein abgeschlossenes Hochschulstudium.

»Erfolgreicher bin ich wohl gewesen«, unterbrach ihn da der andere. Das könne man eigentlich schon sagen.

Er fahre aber ein besseres Auto, erwiderte sein Bruder, besitze eine größere Wohnung, einen Elektroinstallationsbetrieb, schon seit 41 Jahren, und sein Bruder habe sich erst nach der Wende mit einer Tischlerei selbständig gemacht. Also, irgendwie sei er doch immer einen Schritt voraus gewesen.

Traumhaus der Zwillinge Ernst und Rudi B. Die Männer wohnen unten. Die Frauen könnten griffbereit unter dem Dach deponiert werden – liegend.
Besser wäre es allerdings, sie zögen über kurz oder lang in das 300 km entfernte Gartenhaus (siehe unten).

Na ja, entgegnete nun wieder der andere, es gebe auch etwas, worin er der Beste sei. Sie seien nämlich beide aktive Schwimmer, und wenn sie zusammen starteten, dann könne er schon am Beckenrand stehen und seinen Bruder bei dessen Ankunft fotografieren.

Das, konterte der eine, sei aber leider nur bei den kurzen Strecken so. Bei den Langstrecken sei er hingegen erster. Also gleiche sich immer irgendwie alles aus.

Ich wies darauf hin, dass wenn der eine, der Schnellere, den anderen beim Schwimmen überholen, aus dem Wasser steigen und fotografieren würde, das Bild als Beweis für seinen Sieg keinerlei Beweiskraft hätte, da man ja nicht wissen könnte, wer von beiden auf dem Foto festgehalten sei. Aber was zum Teufel seien denn nun die Schwachpunkte des einen oder des anderen, bohrte ich weiter.

Da gebe es tatsächlich etwas, sagte der eine, sein Bruder habe nämlich einen Pudel, und der schliefe mit im Bett. Und das würde er als klaren Schwachpunkt bezeichnen.

»Klar schläft der mit im Bett, wo soll der denn sonst schlafen?«, fuhr der Pudelfreund empört auf.

»Na, im Pudelbett, auf dem Sofa oder meinetwegen auch unterm Sofa, aber nicht im Bett!«, blaffte sein Bruder zurück.

»Quatsch, der schläft am Fußende! Der Pudel gehört schließlich mit zur Familie, Punktum!« »Also, Sie haben nachts eine Frau, Sie aber nur einen Pudel im Bett«, kombinierte ich.

»Nee, nee, ich habe auch eine Frau, ich habe einen Pudel und eine Frau!«

Aber, übertönte ihn der andere triumphierend, er habe

da noch einen Trumpf im Ärmel: Seine Kinder seien nämlich auch Zwillinge, während sein Bruder nur eine Einzeltochter habe. »Na gut«, wandte ich ein, »aber er hat ja den Pudel noch dazu. Also gleicht sich das doch immer irgendwie aus bei Ihnen. Zum Wohl!«, prostete ich diesen beiden Launen der Natur zu und fragte sie nach ihren Frauengeschichten.

Sie hatten mal Zwillinge als Freundinnen, erzählte der eine, aber die hatten sie so ein bisschen verschaukelt, und die Frauen dann wiederum sie, so dass alle vier eigentlich nie wussten, wer gerade mit wem zusammen war. In der Sturm-und-Drangzeit hatten die Zwillinge immer den gleichen Geschmack und trennten sich deshalb mal zeitweilig, dass der eine da tanzen ging und der andere dort.

»Aber«, fragte ich, »Sie hatten nie gleichzeitig eine Beziehung mit derselben Frau?«

»Nee, nee!«, echote es zurück. Das hatten sie nicht fertiggekriegt. In der Phase der Verliebtheit gönne man dem anderen nichts. Aber beide Ehefrauen hießen Christa mit Vornamen, danach ausgesucht hatten die Herren sie allerdings nicht. Auch Krankheiten, wie zum Beispiel Hexenschuss, hatten die Zwillinge oft gleichzeitig.

»Ja, und wie man sieht, trinken Sie auch mit gleicher Geschwindigkeit und das gleiche Getränk«, bemerkte ich, denn die Biergläser der Zwillinge waren bereits leer.

»Na, ein bisschen schneller war ich wieder«, erklärte der eine von den beiden gleich aussehenden alten Männern vor mir und bestellte ein bisschen schneller zwei Biere. Und überhaupt, er fahre auch das größere Auto. Sein Bruder habe zwar auch einen schönen Wagen, einen Peugeot 406 Coupé, ein sehr feines Auto sogar, aber eben keinen Mercedes. Ja, antwortete der Bruder, ein Mercedes, das sei nichts für ihn, dafür sei aber seine Frau vollbusiger und auch ein bisschen größer.

Ich fragte nach ihrer politischen Orientierung. Also wen man jetzt noch wählen solle, wüssten beide nicht, sagte der eine, darüber habe man auch lange diskutiert. Er habe einen Handwerksbetrieb und nach der Wende die CDU gewählt, die versprochen hatte, viel für den Mittelstand zu tun. Sie hätten aber dann gar nichts gemacht. Da habe er bei der nächsten Wahl die SPD gewählt, was hätten die für den Mittelstand gemacht? Nichts. Und deswegen überlege er, gar nicht mehr zur Wahl zu gehen. Weil nämlich nichts dabei rauskäme.

»Ich denke genauso«, stimmte sein Bruder zu.

»Aha. Und wer entscheidet bei Ihnen, wie der Bart getragen wird?«, fragte ich.

Das könne er erklären, rief der eine Zwilling. Er habe vorher keinen Bart getragen, und dann hätten sie jenen runden Geburtstag gefeiert und gewettet, und wer verliert, müsse so aussehen wie der andere. Und da habe er verloren und sich einen Bart wachsen lassen müssen. Der Test sei der Lange gewesen, ein Berufskollege seines Bruders, ergänzte der andere Zwilling eifrig. Der hatte Schaltschränke bestellt, und da habe er bei dem geklingelt und gesagt: Tag, Wolfgang. Deine Schaltschränke sind da, die kannst du abholen. Und der habe, ohne mit der Wimper zu zucken, gesagt: Mensch, prima, ja, habe ich schon lange drauf gewartet. Und, fuhr der eine bzw. andere Zwilling fort, da habe sein Bruder gefragt, ob der Lange eine Tasse Kaffee für ihn habe. Jetzt klingelte es wieder. Da habe er dann vor der Tür gestanden und gesagt: Tag, Wolfgang, deine Schaltschränke sind da, die kannst du abholen. Der Lange sei bald in Ohnmacht gefallen, rief der eine, und der andere ergänzte, der habe einen richtigen Satz gemacht.

An dieser Stelle lachten die Zwillinge vollkommen synchron, hoben gleichzeitig ihr Glas und stießen miteinander an. Mir wurde klar, dass ich an diesem Tisch vollkommen überflüssig war, nahm meinen Rucksack, grüßte und ging. Ich war mir fast sicher, dass, wenn ich mich jetzt umdrehen würde, am Tisch vier Männer in lachsfarbenen Polohemden mit Goldrandbrille sitzen würden.

DER ALTE MANN UND DER SEE

Ich wanderte die Ostseite des Dämeritzsees entlang. Ein kräftiger Wind wehte vom Wasser her und ließ die Blätter der Bäume tanzen, die hier bis dicht ans Ufer standen. Noch war es ein schöner Sommerabend. Ob aber die Böen wieder abflauen oder in ein infernalisches Gewitter übergehen würden, war ungewiss. In das Rauschen der Blätter mischte sich das Geräusch eines startenden Bootsmotors, das nach unheilverheißend kurzer Zeit erstarb. Ohrenbetäubende Schimpftiraden folgten. Dann war wieder das leiernde Startgeräusch eines traktierten Anlassers zu hören.

Ich bog vom Uferweg ab und sprang auf einen hölzernen Bootssteg, der ein gutes Stück parallel zum Land verlief, um dann im rechten Winkel in den See abzuknicken. An seinem äußersten Ende schaukelte ein kleines Motorboot im Wasser.

»Brauchen Sie Starthilfe?« Ich verstand zwar nicht das Geringste von Bootsmotoren, aber wenn jemand in Seenot ist, fragt man nicht lang, man handelt. Auf dem Boot befanden sich vier Passagiere. Drei viertel der Besatzung waren schwer betrunken. Ein fideler, etwa 60-jähriger Mann mit dichtem schwarzgrauem Haar fluchte. Eine vielleicht 40-jährige Frau und ein gleichaltriger Mann in blauem Trainingsanzug starrten ihn mit glasigen Augen an. Einzig der Jüngste an Bord, ein Mittdreißiger mit grüner Schirmmütze, schien das sichere Ufer nüchterner Denkleistungen noch nicht vollständig verlassen zu haben.

»Starthilfe? Ja, so was in der Art«, sagte er und sah mich hoffnungsvoll an.

»Jemanden, der anschiebt?« Ich dachte, ein alter Seefahrerscherz könnte die sichtlich angeschlagene Stimmung auf dem havarierten Kahn nur verbessern.

»Anschieben ist schlecht, aber die Kerze ist verrußt oder irgendwas. Genau wissen wir es nicht. Wir sind nicht so firm, wir sind nur Fahrer.«

Als wolle er das umgehend bestätigen, tappte der blaue Vollmatrose schwankend zur Rückbank, wo er wohl die Startbatterie des Bootsmotors vermutete, und machte sich daran zu schaffen.

Ich bot meine Hilfe an. »Motoren sind doch im Grunde alle gleich«, erklärte ich, während ich an Bord kletterte.

Der Sturztrunkene im blauen Trainingsanzug zeigte mir den Motorenkasten unter der Rückbank und rückte zur Seite. Ich schob die Kissen beiseite und blickte in einen pikanten Kabelsalat.

»Aha, klare Sache«, sagte ich. Obwohl ich keine Ahnung von Motoren habe, zog ich an einer Strippe und fummelte an einem schwarzen Kasten herum, dessen Funktion mir vollkommen unklar war.

»Richtung Heimat. Und das ist Go … Gosen.«

»Gute Güte! Und wie kommen Sie zurück, wenn Sie das Ding nicht wieder ankriegen?«

»Na, das is jetzt die Frage, damit ham wir … uns überhaupt noch nicht befasst. Das is das erste Mal, dass wir eine … Pa … Panne haben, daher sind wir ü-überrascht worden.«

»Das kann doch nich wahr sein«, mischte sich jetzt der Älteste und Betrunkenste an Bord ein, der von den anderen mit Ewald angesprochen wurde und offenbar den Kapitän spielte. Er erklärte lallend, sie seien hundert Mal über den See gefahren, immer sei alles gutgegangen. Und jetzt käme ich, und es liefe gar nichts mehr. »Da stimmt was nich!«, protestierte er lautstark.

»Sie meinen, das liegt an mir, dass das Boot nicht mehr fährt?«, fragte ich.

»Irgend … was stimmt hier nich!«, murmelte der Alte entschieden und winkte ab.

»Geben Sie doch etwas mehr Gas beim Starten«, riet ich. »Soll ich mal?«

»Ja, vielleicht lassen wir mal den … den Herrn da starten«, schlug der Blaue vor.

»Wen?«, fragte der Kapitän irritiert, ohne mich aus den Augen zu lassen.

»Die … diesen Herrn«, entgegnete die Alkoholleiche und versuchte, auf mich zu zeigen.

»Der hat keine Ahnung davon«, blaffte der Kapitän zurück. Er musterte mich noch eine Weile grimmig, bevor er einlenkte: »Na gut!«

»Haben Sie eigentlich Bier im Kühlschrank?«, fragte ich die schweigende Frau, während ich mich an ihr vorbei in den Führerstand schob. Sie schwieg weiter und starrte ins Leere.

»Bier? Nein, an Bord gibt's kein Bier«, sagte der Kapitän mit leichter Verzögerung.

»Und was war das in den zwei leeren Bierflaschen hinter Ihnen?«, erkundigte ich mich und zeigte auf zwei leere Bierflaschen, die direkt hinter ihm auf dem Boden standen.

»Das ist sein Bier!« Der Kapitän zeigte verärgert auf den trunkenen Seefahrer in Blau, der sich grinsend auf dem

Achterdeck niedergelassen hatte und das Geschehen mit glasigem Blick verfolgte.

»Kennen Sie eigentlich die Serie *SOS Charterboot*?« Ich selbst hatte als Kind alle Folgen gesehen. Jeden Samstag besetzte damals eine ganze Traube von Sieben- und Achtjährigen die billigen Stehplätze vor dem weit geöffneten Fenster einer Nachbarsfamilie, bei der die Sendung regelmäßig geschaut wurde, während aus sämtlichen anderen Wohnungen der Stadt die Sportschau tönte. An diesem Berliner See würde ich mit einem derartigen Einwurf meine Kompetenz als Bootsflüsterer untermauern können. Ich schaute erwartungsvoll in die Runde. Die ganze Mannschaft glotzte verständnislos durch mich hindurch. Energisch drehte ich den Zündschlüssel. Eine rote Lampe leuchtete auf. Immerhin.

»Die rote Lampe ist in Ordnung. Wo ist denn das Gaspedal?« Ich drückte auf Verdacht auf den größten roten Knopf. Der Anlasser jammerte. »Läuft nicht«, erklärte ich dem flotten Kommandanten. »Keine Ahnung, warum. Man steckt ja nicht drin, vielleicht ist der Tank leer.« Ich zeigte auf irgendein Instrument, das zweifelsfrei den niedrigsten Anzeigepunkt erreicht hatte.

»Nein, der ist voll ...«, protestierte der Kapitän, »voll... kommen voll!« Er schlug mit der Hand auf die Reling. Das Boot schaukelte leicht.

Ich machte mich wieder an den Schaltern und Hebeln zu schaffen. »Das muss der Motor sein«, warf die angetrunkene Schirmmütze ein, »die Zündkerzen oder irgendwas.« Der Kapitän tippte mir mit dem Zeigefinger gegen die Brust und fragte, was ich auf seinem Boot zu suchen hätte.

»Ich will Ihnen helfen«, erwiderte ich.

Der Kapitän schüttete sich aus vor Lachen. Er wandte sich an den Angetrunkenen: »Du, Kalle, der will uns helfen. Das kann doch nicht wahr sein, so was.«

»So kann ich nicht arbeiten«, sagte ich und kletterte wieder von Bord. »Tut mir leid. Dann wünsche ich Ihnen viel Glück.«

»Ja, vielen Dank«, sagte Kalle.

»Also, mir reicht's jetzt, ich gehe los, ich – hup! – hau ab«, lallte der Kapitän und versuchte nun ebenfalls, von Bord zu klettern. »Macht, was ihr wollt …«

Ich streckte ihm die Hand entgegen.

»Ich bin 76, ich will in eine … Dings … Kneipe«, rief der Kapitän, während ich ihn aus seinem Boot zog.

Er müsse vorsichtig sein, das sei jetzt kein schwankender Boden mehr, gab ich zu bedenken, als er den Steg geentert hatte und bedenklich zu wanken begann. Er torkelte dem Ufer entgegen, wobei er immer wieder bedrohlich nah an den Rand des Bootssteges geriet. Ich schlug der übrigen Crew vor, das Boot einfach liegenzulassen und auch in die Kneipe zu gehen.

»Nee, da waren wir gerade«, antwortete Kalle.

»Gibt es denn keine Promillegrenze auf dem Wasser?«, wollte ich wissen.

»Ja, bestimmt, ja, gibt es doch, oder?«, fragte er den Betrunkenen auf dem Achterdeck, der sich inzwischen nicht mehr rührte. Die Promillegrenze liege vermutlich bei nullkommasieben. Oder bei nullkommaneun. Vielleicht auch bei einskommadrei.

»Aber wer von Ihnen darf denn dann noch fahren?«

Er selbst eigentlich nicht, erklärte Kalle, weil er keinen Führerschein für Boote habe. Aber in Gegenwart eines Menschen, dabei zeigte er auf die Schnapsdrossel in Blau, der im Besitz einer Fahrerlaubnis sei, dürfe er das Boot führen.

»Das heißt also, der Steuermann kann sich total volllaufen lassen, und dann dürfen Sie steuern?«

Der Kappenträger bestätigte das und rülpste. Der Führerscheinbesitzer müsse noch die Übersicht haben, müsse so klar sein, dass er sagen könne: Du musst vor der Boje rechts lang fahren! Er habe vollkommene Übersicht, trompetete jetzt der Volltrunkene von achtern dazwischen und brach dann endgültig auf dem Deck zusammen.

Ich reichte Kalle zum Abschied die Hand. »Machen Sie den Kahn wieder flott, Kalle! Und dann gute Fahrt.«

Nachdenklich ging ich in Richtung Land, wo Ewald schwankend stand und zu mir herüberstarrte. Er schien größeren Weltschmerz zu verspüren als jede bisher bekannte Romanfigur Ernest Hemingways.

KOMMUNISMUS VS. KAPITALISMUS

»Wissen Sie, wie alt ich bin?«, fragte Ewald, als ich ihn erreicht hatte.

»67, nee, 76 Jahre«, beantwortete er seine Frage selbst und schaute mich erwartungsvoll an. »Ich wohne in Gosen. Ich habe mein Boot schon 50 Jahre. Nicht das. Schon drei, vier Boote, ich fahre immer mit dem Kajütboot. Und jetzt fährt es nicht, weil du gekommen bist. Ist eigenartig. Ich bin kein Anfänger.«

»Kann es sein, dass Sie Diesel getankt haben?«

»Meister!« Der Provinzreeder richtete sich auf. »Meister, ich tanke immer … Das kann nicht wahr sein. Ich tanke immer guten Sprit.«

»Schon klar, ich meine mit dem Boot!«

»Super bleifrei«, seufzte er resigniert. »Super bleifrei tanke ich immer.«

»Aber hat Ihr Sohn nicht vorhin gesagt, er hätte Normalbenzin getankt?«

»Nein. Welcher Sohn denn? Ich habe keinen Sohn da. Da ist kein Sohn von mir bei!«, rief Ewald entrüstet.

»Der hat aber gesagt, Sie seien sein Vater.«

»Nein, da hat er geschwindelt«, sagte Ewald mit Nachdruck, »also, mein Sohn ist das nicht!«

»Also, das klingt schon ein bisschen merkwürdig!«

»Ja, findest du nicht auch?« Der Bootseigner hatte jetzt einen verschwörerischen Unterton in der Stimme.

»An Ihrer Stelle würde ich den Mann, der sich an Bord als Ihr Sohn ausgibt, mal ein bisschen unter die Lupe nehmen«, schlug ich vor.

»Na, komm, dann wollen wir mal beide hingehen«, Ewald packte meinen Oberarm und setzte sich in Bewegung. »Das kann doch wohl nicht wahr sein. Na gut, ich habe ein paar Bier getrunken …«, murmelte er.

»Kalle«, sagte ich, als wir wieder vor dem Boot standen, »Ewald sagt, er sei gar nicht Ihr Vater!«

»Nein, Ewald ist von Günther der Vater, von ihm.« Kalle zeigte auf die Alkoholleiche, die auf dem Achterdeck in ein anhaltendes Wachkoma gefallen war.

»Ja, das stimmt«, gab Ewald kleinlaut zu.

»Wir müssen uns von Lenni abschleppen lassen oder was«, sagte Kalle.

»Moment mal«, warf Ewald ein, »wir haben doch die Nummer gar nicht bei von dem. Haben wir denn eine Nummer von irgendjemandem?«

»Nee«, antwortete Kalle.

»Ist ja eine tolle Familie«, fluchte Ewald.

»Also«, sagte ich, »wenn ich Kapitän wäre, würde ich vorschlagen, ein Tretboot zu mieten und das Boot damit rüber zu schleppen.«

»Das kannst du vergessen. Das kannst du … VERGESSEN!«, brüllte der Yachtbesitzer.

Ich hatte genug gesehen. »Alles Gute. Ich hoffe, dass Sie da gut wieder rüberkommen.«

»Ist nicht bös gemeint, versteh mich doch!« Ewald versuchte mich zu umarmen.

»Bei mir auch nicht.« Ich klopfte ihm auf die Schulter.

»Ihr schafft das!«, rief ich der Crew wider besseres Wissen zu und flüsterte Ewald ins Ohr: »Versteckte Kamera! Ich hab die Zündkerzen rausgedreht!«

»Wunderbar«, rief Ewald und strahlte, »ich wusste es! Ich bin nicht böse, ich habe drei Bier getrunken. Das ist mein Boot, nebenbei gesagt.«

»Toll!«, sagte ich.

»Das ist mein Sohn und mein Kumpel da, die fahren, weil ich jetzt ein bisschen … ein paar Bier nur …«

»Gut, Herr Kapitän. Dann kommen Sie gut nach Hause!« Ich drehte mich um und ging.

»Meister, mach es gut. Haste gut gemacht«, rief mir Ewald nach. »Tschüs! Ahoi!«

Langsam begann es zu dämmern. Der Wind hatte nachgelassen, ein Gewitter war nicht mehr zu erwarten. Ich lief am Ufer entlang und schaute nicht zurück. Ab und zu ertönte hinter mir das Geräusch eines startenden Bootsmotors, das nach kurzer Zeit erstarb, gefolgt von lauten Schimpftiraden.

Ein paar hundert Meter weiter standen drei gutgelaunte Mädchen mit ihren Fahrrädern mitten auf dem Weg, tuschelten und lachten.

»Entschuldigung, ich habe mal eine Frage. Wie alt seid ihr?«

»16«, entgegnete eines der Mädchen und strahlte.

»Wir kommen in die zehnte Klasse«, sagte eine andere, die sich unübersehbar in kieferorthopädischer Behandlung befand.

»Was wisst ihr denn noch über die DDR?«, fragte ich die dritte im Bunde. Sie trug eine Brille, war übergewichtig und begann sofort hysterisch zu kichern.

»Ja, nicht viel …«, wisperte sie, »wir haben gelernt, dass die DDR eine Diktatur war.«

Das war doch immerhin etwas. Schade, dass General Schönbohm mich auf dieser Expedition nicht hatte begleiten können. Erst kürzlich hatte er der Welt gegenüber wieder einmal bitterlich geklagt, dass nur die Hälfte der Brandenburger Schüler mit dieser Tatsache vertraut sei, und sogar nur ein Drittel überhaupt wisse, wer die Mauer gebaut hat. Dann hatte er nachgelegt und auf die Frage nach weiteren Folgen von 40 Jahren DDR gleich noch eine »weitverbreitete Stillosigkeit – im Umgang wie bei der Kleidung« konstatiert. Für ihn war das alles eine Konsequenz der Entbürgerlichung in der DDR, die den Menschen durch die Säkularisierung zudem den geistlichen Halt genommen habe. Ich überlegte, ob nicht auch Kapitän Ewald ein Opfer der Verhältnisse war. Hatte er auf dem Steg nur so geschwankt, weil ihm jeglicher Halt gefehlt hatte? Hatte er möglicherweise deshalb Zuflucht bei geistigen Getränken gesucht?

Auf einmal hörte ich eine wohlbekannte Stimme. »Na, sagt mal, wo habt ihr denn überhaupt eine Dings hier«, lallte Ewald hinter mir. Offenbar wollte er seine Crew nicht weiter bei der Arbeit stören.

»Herr Kapitän, Sie schon wieder? Wie war das in der DDR, war das eine Diktatur?«, rief ich, erleichtert, endlich wieder einen kompetenten Gesprächspartner vor mir zu haben.

»Für mich nicht!« Der Kapitän machte eine wegwerfende Handbewegung. »Ich habe meine Freiheit gehabt, ich habe gut gelebt. Ich kann nicht klagen, nie Dings, Schwierigkeiten damit gehabt.«

Der Hang zur Harmonie....

...und seine Folgen.

Ich wandte mich wieder an die Mädchen: »Okay, was ist cooler, Kapitalismus oder Kommunismus?«

»Die Leute sind zu jung dazu«, nahm der Bootsführer die Jugendlichen in Schutz, »haben die das zu entscheiden?«

»Nein«, antwortete ich, »wir machen nur eine FORSA-Umfrage, und danach wird dann das politische System ausgerichtet – entweder Kapitalismus oder Kommunismus.«

»Ist ja richtig, aber die, die Mädels sind zu jung dazu, für den Vergleich zum Sozialdings und Kapital… ismus!«

»Fragen wir sie doch mal selbst.« Ich wandte mich erneut dem Nachwuchs zu: »Was findet ihr hipper, Kapitalismus oder Kommunismus?«

»Ja, bitte!« Der Alte machte eine auffordernde Geste in Richtung der drei.

»Ich habe keine Ahnung«, jammerte die Dicke.

»Ja, wo lebt ihr denn jetzt, und wie lebt ihr?« schrie der Kapitän aufgebracht. »Nicht so toll, was? Habt ihr bei dem Kommu… Kommunismus besser gelebt?«

Die Mädchen schwiegen betreten.

»Andere Frage«, brüllte der Kapitän, »Wie alt bist du?«

»16«, piepste die Dicke.

»Na, dann kann die das sowieso nicht wissen.« Der Kapitän wandte sich mit vor Verachtung verzerrtem Gesicht ab.

»Passt mal auf«, versuchte ich die Fehler des desolaten Berliner Schulsystems auszubügeln. »Im Kapitalismus ist es so, dass Ewald ein Boot hat und ihr nicht. Im Kommunismus würde uns allen Ewalds Boot gehören.«

»Nicht allen«, schrie der überraschend enteignete Kapitän, »das ist Quatsch, was du erzählst. Das ist vollkommener Blödsinn.« Vor Aufregung verlor er fast das Gleichgewicht.

»Wieso«, fuhr ich unbeirrt fort, »im Kommunismus ist das doch Volkseigentum?«

»Du kannst doch nicht erzählen, dass im Kommunismus, wo DDR war, das Boot allen gehört hat, das ist doch Irrsinn!« Er fuchtelte mit den Armen.

»Und es würde nicht fahren«, fügte ich hinzu. »Weil die Zündkerzen knapp wären.«

»Du, pass mal auf!« Ewald zog mich mit der Feinfühligkeit eines professionellen Entgräters am Arm: »Ich bin 67 oder 76 Jahre alt, ich habe den Dings, den Adolf gehabt, ich habe den Kommunismus gehabt und habe das heute gehabt …«

»Und? Was war am besten?«, fragte ich ihn.

»Pfffffft!« Ewald stemmte die Arme in die Seiten und pfiff. »Bei Adolf war es Scheiße … Also, ich kann nicht sagen, dass der Kommunismus Scheiße war.«

»Stimmen wir doch ab, was ist besser, Kommunismus oder Kapitalismus?«

»Kapitalismus«, piepste die Zahnspange schüchtern.

»Ich möchte mein Zeug für mich selbst haben, nicht für die anderen«, ergänzte die Dicke.

»Im Kommunismus gab es übrigens auch keinen Hip-Hop«, sagte ich.

»Warum gab es da keinen Hip-Hop?«, fragte die Spange ungläubig.

»War verboten.«

»Aber man kann doch nicht einfach irgendeine Musikrichtung verbie…«, piepste empört die Dicke.

»Seid doch mal ruhig, seid doch mal vernünftig«, rief der Kapitän. »Also, ich kann ja so was gar nicht begreifen.« Der Kapitän winkte ab.

»Was war denn gut im Kommunismus?«, wollte ich von ihm wissen.

»Hm … gut im Kommunismus?« Er kratzte sich ausgiebig am Kopf.

Ich gab den Schülerinnen ein Zeichen, dass sie entlassen seien. Erleichtert schwangen sie sich auf ihre Fahrräder.

»Gut im Kommu…?« überlegte der Kapitän. »Ich bin 76. Ich meine, ich bin bei Dings großgeworden, bei Adolf, und heute, was soll ich sagen?« Er hob die Arme in die Höhe und ließ sie wieder sinken. »Heute ist doch alles Quatsch, das ist doch alles vollkommener Blödsinn«, schrie er, drehte sich um und verschwand.

STEINESAMMLER

Der Abend hatte ein lachsfarbenes Polohemd übergestreift und seine schönste Goldrandbrille aufgesetzt. Ich wanderte an einem gewaltigen Acker entlang, einem dieser Felder, die es nur im Osten gibt, die sich von Horizont zu Horizont erstrecken. Fast erwartete man, den Geist Gojko Mitićs, des legendären DEFA-Winnetous, irgendwo in der Ferne galoppieren zu sehen. Meist handelte es sich bei diesen Großflächen um ehemaliges LPG-Land, das nach der Wende von niederländischen Großbauern aufgekauft wurde. Die Kollektive, die die Felder jahrzehntelang bewirtschaftet hatten, verdingten sich mittlerweile auf ihrem ehemaligen Besitz als billige Landarbeiter.

Auf dem Acker standen ein Mann Mitte dreißig und eine etwas jüngere Frau. Die Frau trug kurze Turnhosen, der Mann einen Trainingsanzug. Beide hielten eine Plastiktüte in der Hand, streiften suchend hin und her, den Blick immer fest auf die Erde gerichtet. Hin und wieder bückten sie sich, als sammelten sie Pilze.

»Guten Abend. Finden Sie da etwas zu essen?«, fragte ich die Frau.

»Nein, nur ein paar Steine.«

»Steine?!«

»Ja, Steine. Steine. Ganz normale Feldsteine. Für den Garten«, erklärte sie, während ihr Mann sich vorsichtig näherte.

»Und was machen Sie mit denen?«

»Steinburgen bauen«, sagte der Mann, der sofort die Gesprächsführung an sich riss, »Steine um die Bäume rumlegen. Und an den Rand der Gartenwege, weil die Vögel immer so den Rindenmulch rauskratzten. Meine Frau ist darauf gekommen.«

Mein Blick fiel auf einen der zahllosen Steine, die die schier grenzenlose Ackerfläche bis zum Horizont bedeckten.

»Sie werden ganz gute Beute machen heute, was?«, zwinkerte ich ihm zu.

Sie hätten ja erst angefangen, gab der Steinjäger mit großem Ernst zu verstehen und zeigte auf seine halbgefüllte Tragetasche. Zum Glück hätten sie nicht zu weit zu tragen, ihr Garten sei gleich da vorne.

»Hat denn der Bauer nichts dagegen, dass Sie hier Steine entführen?«

Nein, nein, versicherte mir der Mann, der freue sich, dass die Steine wegkämen. Eigentlich hätten sie ja Steine kaufen wollen, im Bauhaus, aber die seien sehr teuer gewesen. Der 25-Kilo-Sack Steine koste derzeit so um die zehn Euro.

»Gute Güte, die Steinpreise fliegen über den Markt«, entfuhr es mir. Da lohne sich die Eigeninitiative wirklich.

»Ja«, nickte der Selbstversorger, »hier liegt noch einiges herum.« Wir schauten beide zum Horizont, wo die Sonne langsam in einem steinernen Meer versank.

Na ja, eine Weile müssten sie schon noch sammeln, aber so nach und nach ... Der Mann hielt inne und überlegte. Sie hätten ja auch noch ihren Urlaub. Er versenkte drei Exemplare in seiner Tüte und schaute zu seiner Frau, die in 20 Metern Entfernung fleißig Steine fing.

Das ist eine interessante Sache, Steine zu sammeln im Urlaub, dachte ich. Ich kenne Leute, die sammeln Muscheln. Steine ist neu. »Da ist schon wieder einer!« Ich hob mein Fundstück auf, hoffte, dass es frei von Steinläusen war, und übergab es dem Sammler.

»Wie lange haben Sie Urlaub?«, fragte ich, während ich beobachtete, wie der vorletzte Strahl des rötlichen Abendlichts verschwand. »Der Acker hier ist ja eine Aufgabe für ein ganzes Leben.«

»Wir wollen es nicht übertreiben«, erwiderte er, »immer so ein bisschen, nach und nach.«

»Na ja, dann wünsche ich Ihnen noch ertragreiche Ferien.« Ich winkte dem Paar zum Abschied und ging der untergehenden Sonne entgegen.

Ich hatte etwa hundert Meter und rund 3 000 Findlinge hinter mir gelassen, als ich mich noch einmal umwandte. »Hallo, hier ist noch einer!«, rief ich dem gebückt stehenden Paar zu, das mich aus der Ferne an äsendes Rehwild erinnerte. Der Mann richtete sich auf und trabte heran. »Hier ist ein kleiner runder! Und da noch ein größerer.« Ich zeigte auf einen kleinen runden Stein und auf einen größeren. »Die sehen gut aus«, entschied der Fachmann, »die sind okay.«

In dem angenehmen Gefühl, meine gute Tat für diesen Tag vollbracht zu haben, ohne dass es mich mehr als ein paar Steine und etwas falsche Freundlichkeit gekostet hatte, nahm ich wieder Fahrt auf.

Eigentlich liegt mir das Wandern gar nicht. Gern lasse ich meine Gedanken wandern, vom Schreibtisch aus die Wände hoch, aus dem Fenster ins nächste Gasthaus und zurück. Oder auch mal um die ganze Welt, zum Mond hinauf und bis an die Grenzen unseres Sternensystems. Wer weiß schließlich, wie lange unser Universum noch besteht, jetzt, da in der Schweiz, im Kanton Genf, der große Hadronen-Kollidierer (LHC) am CERN in Betrieb genommen worden ist. Es hatte zwar juristische Klagen gegen den Einsatz dieses Teilchenbeschleunigers gegeben, aber sie wurden allesamt abgewiesen, weil die Kläger ihre Befürchtung nicht ausreichend belegen konnten, das Experiment könne dunkle Materie erzeugen, Antimaterie, ein schwarzes Loch, das die Welt, wie wir sie kennen, verschlingen würde.

Ich hatte das CERN vor einiger Zeit besichtigt und mich dort mit Forschern unterhalten, deshalb teilte ich diese Be-

Solche Bremsschwellen haben im Volksmund ganz unterschiedliche Namen erhalten, wie Krefelder/Berliner Kissen, Kölner Teller, Drempel, schlafender oder liegender Polizist. Diese Variante sollte den Verkehr zwischen Ost und West für immer beruhigen.

Ach, Florena.

fürchtungen nicht. Ich wusste, dass aufwendigste Experimente danebengegangen waren, weil sich hinter sensiblen Messgeräten zu viele leere Bierflaschen angesammelt hatten. Wochenlang lagen die Nerven blank in der milliardenschweren Anlage, weil ein auffälliger, regelmäßig wiederkehrender Ausschlag auf den Monitoren einfach nicht zu erklären war – bis zu dem Tag, an dem die Schweizer Bahn streikte, und der TGV nicht am CERN vorbeifuhr. Und ich hatte gelesen, dass der britische Physiker Higgs, nach dem das »Higgs-Boson« benannt ist, das nachzuweisen als eine der Hauptaufgaben des LHC gilt, schon in den 90er Jahren äußerte, wenn er geahnt hätte, wie viel Geld in den Bau des Beschleunigers wandert, hätte er seine Theorie niemals aufgestellt. Ein Schotte. Mit dem Namen Higgs. Der seine Theorie bereut. Es war harmlos, wenn das CERN seine

Protonen im Kreis wandern und aufeinanderknallen ließ. Vermutlich harmloser als eine Wanderung um Berlin herum.

In den ersten Tagen meiner Expedition hatte ich abends oft das Gefühl, ich würde nur noch auf den Stümpfen meiner Unterschenkelknochen laufen. Meine Lendenwirbelsäule sandte deutliche Signale aus, ich solle meine Wanderung mit Bussen und Bahnen fortsetzen, sonst würde sie aus Protest in der Mitte entzweigehen wie unser Land damals, beim Bau der Mauer.

Gott sei Dank hatte ich wenige Wochen vor dem Beginn meiner Expedition die Geschichte eines britischen Ironman gelesen, der mit einem gebrochenen Schienbeinknochen die komplette Marathonstrecke gelaufen war. Den Schmerz

Beim Betreten einsturzgefährdeter Ruinen bitte immer! zuerst nach oben schauen.

hatte der Läufer einfach ausgeschaltet, durch Willenskraft und Konzentration. Das konnte ich auch. Mittlerweile machte mir das Gehen sogar Spaß. Ich hatte aufgehört, die Tage zu zählen. Meine Füße hatten das Kommando übernommen. Der Kopf war über lange Strecken beeindruckend leer. So leer wie die brandenburgische Landschaft um Berlin. Eine sandige Landschaft, die für den Wanderer in sehr wohlgesetzten Abständen höchst originelle Veduten, jede Menge Ruinen und Trümmerberge bereithält. Wer Sehnsucht verspürt nach den unendlich langen Sommertagen der Kindheit, dem kann ich eine Wanderung um die Hauptstadt nur empfehlen.

An solchen Wurstbratstationen haben die Ossis jahrelang den Soli verfressen, mag so mancher West-Berliner denken beim Anblick dieser Wurstbratstation, an der die Ossis jahrelang den Soli verfressen haben.

DORFJUGEND

Ich stand an der größten Kreuzung, die das Zentrum von Woltersdorf zu bieten hatte. Eine Straßenbahnlinie und zwei Bundesstraßen liefen hier zusammen. Rechts war ein Taxistand, links die Straßenbahnhaltestelle mit einem altmodischen Schild aus DDR-Zeiten. Auf einer dreieckigen Verkehrsinsel standen drei Jugendliche. Sie warteten offensichtlich auf die nächste Bahn, die sie aus diesem Ereignisloch herausbringen sollte. Es war Samstag, und ein Junge und ein Mädchen steckten in der für Brandenburg typischen Discobekleidung, weiße Hosen und weiße T-Shirts mit irgendeinem albernen Aufdruck. Die Dritte im Bunde trug ein traditionelles Jeanskostüm.

»Seid ihr hier die Dorfjugend?«, fragte ich die Jugendlichen. Sie bejahten und blickten mich erwartungsvoll an.

»Wisst ihr noch etwas über die DDR?«

»Ja, klar!«, rief der Junge und warf mit einem Kopfschütteln seine blondierten Strähnen nach hinten.

»Honecker, nicht?«, sagte das Mädchen im Jeanskostüm, »das war doch da einer der berühmtesten Leute.«

Von der anderen Seite näherte sich ein Mann um die fünfzig mit schulterlangem schütterem Haar, hoher Stirn. Er trug ein blau-weiß gestreiftes Hemd zur Jeans und bewegte sich betont lässig. Es war der Vater des Jeans-Mädchens.

»Guten Tag. Sie sind aus der DDR?«, rief ich dem Mann entgegen.

»Voll, ich bin 47er Jahrgang. Das ist fast genau das Gründungsjahr der DDR.«

Seine Stimme klang wie die von Udo Lindenberg, und er bewegte sich wie der westdeutsche Altrocker zu seinen besten Zeiten.

»Was gefällt Ihnen besser, die alten Zeiten, die neuen Zeiten?«, fragte ich ihn.

Der Mann wich aus. Früher sei es schön gewesen und jetzt auch. Er habe eine schöne Kindheit gehabt, echt glücklich, er könne sich nicht beklagen. Kommunismus höre sich schon ein bisschen brutal an und Kapitalismus … Er brach ab und dachte einen Moment nach.

»Die Welt ist eben die Welt«, resümierte er, »so wie wir Menschen Menschen sind. Scheiß-Kapitalismus, Scheiß-Kommunismus, das Zeitalter ist unbedeutend!«

Hier staute sich einst der Transitverkehr zwischen Ost und West: Dreilinden.

So in etwa sieht übrigens die Stunde null aus.

»An der Grenze gestanden haste«, fiel ihm seine Tochter ins Wort und lachte. Ihr Vater habe ihr erzählt, dass er an der Grenze gestanden und immer Kaffee bekommen habe, den er eigentlich gar nicht hätte annehmen dürfen, und zwar von alten Damen, die rübergegangen seien in den Westen.

Der Mann hatte von 1969 bis 1980 im Kommando Grenztruppen der DDR gedient, das dem Ministerium für Nationale Sicherheit direkt unterstellt gewesen war, und Passkontrollen an der Grenze durchgeführt. Ich fand, der Mann sah eigentlich viel zu sympathisch aus für diesen Job.

Seine Arbeit habe er nicht für die Trennung zwischen Ost und West gemacht, erklärte er, sondern um die Leute wieder zusammenzuführen. Er lachte. Seine Vorgesetzten hätten davon nichts gewusst. »Die Gedanken sind ja frei, weißt du?«, sagte er und machte einen Sprung mit Luftgitarrenbewegung. »Davon weiß die Dorfjugend nichts.«

»Warum weiß die Dorfjugend auch nichts mehr über die DDR?«, fragte ich.

»In der Schule wird nicht sehr viel davon erzählt«, sagte der mit den blonden Strähnen.

»Höchstens ein Jahr oder so«, präzisierte seine Freundin, die ihn pausenlos umschlungen hielt.

»Über was wisst ihr eigentlich besser Bescheid, über das Dritte Reich oder über die DDR?«, fragte ich.

Übers Dritte Reich, sagte die Grenzer-Tochter, ohne zu zögern. »Über die DDR spricht man vielleicht noch in der Schule, aber so wirklich hört da keiner hin, weil es Vergangenheit ist.« Die Grenzertochter wies mit dem Kopf zu dem Mädchen, das sich an ihren Freund klammerte, Melanie komme aus Westberlin. Alle kicherten, und Melanie klammerte sich noch ein bisschen fester an ihren Freund.

»Weißt du denn was über die DDR?«, fragte ich sie.

»Nein, nicht so richtig«, hauchte sie.

Ihr Freund verteidigte sie, Melanie sei erst siebzehn. Er selber wisse natürlich schon ein bisschen was, aber daran könne er sich im Moment nicht mehr erinnern. »Man hört da nicht hin, diese Sachen interessieren halt nicht. Schließlich gibt es noch Feiern, Disco, Saufen, alles Mögliche. Schule ist wirklich nur zehn Jahre Zeit absitzen.«

»Ja, wie gesagt, Honecker ist mir ein Begriff«, meinte das Jeans-Mädchen.

»Die Mauer?«, fragte ich.

Damit konnte die Dorfjugend etwas anfangen. Die Mauer sei doch gebaut worden, um Westen und Osten voneinander abzugrenzen. Der Blonde stupste seine Freundin an.

»Du machst das schon«, hauchte die und versuchte, sich hinter ihrem Freund zu verstecken. »Nein, mach du mal, ich war nicht so ein Genie-Kind. Erzähl mal!«

»Ja, das Geld war nicht so, also Westen war besser als Osten, so hieß es doch, nicht?« Melanie sah sich fragend in der Runde um und sprach weiter, als kein Widerspruch einsetzte. »Im Westen waren mehr Möglichkeiten, Coca-Cola und so was alles.«

Sie meine, *Sonnenallee* sei ja wohl ein Begriff, mischte sich jetzt die Tochter des Grenzers ein. Der Film sei kritisiert worden, weil da halt alles ins Schöne gezogen werde, obwohl die DDR früher gar nicht so schön gewesen sei, nicht nur ausgelassenes Feiern und so.

»Was ich mich immer gefragt habe«, sagte ich, »es hat doch so viele Grenzer gegeben, die die Leute schikaniert haben. Wohin sind die alle verschwunden?«

Der Grenzer machte wieder eine seiner ausladenden Luftgitarrenbewegungen. »Mein Kumpel, der ist bis zuletzt, bis 1989, an der Grenze gewesen, in Berlin, Chausseestraße, und die alten Kollegen arbeiten alle wieder. Die meisten im Wachschutz.«

Er machte eine Pause und schaute zu den Taxifahrern hinüber, die hinter der Straßenbahnhaltestelle warteten. »Oder sie sind heute Taxifahrer. Die sind jedenfalls alle wieder in Lohn und Brot. Die sind ja gut geschult gewesen. Sicherheitsdienste und Wachschutz, die brauchen genau solche Leute. Und in jedem System gibt es ja auch eine Staatssicherheit.«

Der Ex-Grenzer selbst arbeitete inzwischen als Schleusenwärter. Früher habe er das Schleusen verhindert, lachte er und jetzt schleuse er selber.

Ein tiefergelegter Opel Corsa bretterte mit quietschenden Reifen um die Ecke.

»Die Raser, das gab es in der DDR nicht«, sagte der Junge mit den Strähnchen.

»Heutzutage muss man angeben mit Autos, um cool zu sein, das ist bescheuert«, sagte Melanie.

Früher habe man eher mit Musik angegeben, die man hatte, andere Leute aber nicht, und wo man selbst rangekommen sei, ganz illegal, überlegte der Blondierte. Er kannte das nur aus *Sonnenallee*, da hatten die Protagonisten eine Schallplatte von den Rolling Stones, und das sei sehr geheim gewesen und verhindert worden im Osten.

Also, sie kenne die Musik von ihrem Vater, gab die Grenzertochter an, und sie wisse, Rolling Stones seien gut. Das seien zwar keine Deutschen, aber … Sie zuckte mit den Achseln.

Jeden Donnerstag habe man in Friedrichshagen Schlange gestanden, erinnerte sich der Vater. Vor dem Plattenladen habe es immer Lizenzplatten von Michael Jackson, Rolling Stones, Genesis gegeben. »Heute kann man in den Laden gehen und ohne Ende CDs kaufen.« Er machte eine abfällige Bewegung. Er habe sich gerade heute wieder Tommy Roe runtergeladen und Jimmy Dean, die ganzen alten Dinger, schön. Und Lindenberg. »In fünfzehn Minuten sind die Russen auf dem Kurfürstendamm«, coverte er die Nummer recht eigen und schloss seine Performance mit einem Luftgitarrenschwung und einer halben Drehung ab.

»Das hat er uns gerade vorgespielt, das Lied«, erklärte seine Tochter, »das ist gar nicht meine Musik, aber man versteht halt den Text und vielleicht auch die Ironie.«

»Die Russen parken ihre Panzer im Parkhaus«, intonierte der Vater mit schwindender Textsicherheit und kopierte die Bewegungen Udo Lindenbergs auf der größten Kreuzung von Woltersdorf.

In einem persönlichen, mittlerweile im Fundus des Bundesarchivs befindlichen Brief hatte Erich Honecker Udo Lindenberg noch 1987 wissen lassen, die DDR sei »ein sehr jugend- und deshalb rockfreudiges Land«. Kurz zuvor hatte der Staatsratsvorsitzende Lindenbergs Pläne für eine DDR-Tournee endgültig zunichtegemacht und sich dabei ausgerechnet auf eine Analyse des frühvergreisten Egon Krenz gestützt. Krenz hatte die Befürchtung geäußert, dass »Jugendliche durch Lindenbergs Musik und seinen Habitus zu unkontrolliertem politischen und rowdyhaftem Verhalten angeregt werden«.

Die systemdestabilisierende Wirkung Udo Lindenbergs hatte aber, wie ich jetzt begriff, weniger die gesamte ostdeutsche Jugend erfasst als vielmehr die regimetreuen Grenztruppen und diese zu unbeholfenen Luftgitarrensoli animiert. Alles in allem eine profunde Fehleinschätzung des Politbüros.

EBERHARD

Am dreizehnten Tag meiner Forschungsreise hielt ich Kurs auf die Plattenbausiedlung Marzahn an der Ostgrenze Berlins. Das Wetter machte mir Sorge, Regen war angekündigt. Bei Marzahn liegt der 102,2 Meter hohe Kienberg. Nach dem Krieg hatte man die Gleise für eine kleine Lorenbahn von der Innenstadt bis an den Stadtrand gelegt und den Kriegsschutt zu einem imposanten Trümmerberg angehäuft.

Wir sind ein Wolk, zusammengesetzt aus zwei sehr unterschiedlichen Bestandteilen.

Gut, das, was sich da vor mir auftürmte, war nicht die Eigernordwand und nicht das Matterhorn. Es gab einen ordentlich ausgebauten, asphaltierten Weg, der sich in sehr, sehr flachen Serpentinen nach oben schraubte. Aber es gab auch einen Trampelpfad, der schnurstracks geradeaus zum Gipfel zielte und der schon eher nach Eigernordwand roch. Den nahm ich mir vor, während sich am Himmel hohe Cumuluswolken zu immer bedrohlicheren Formationen zusammenschoben. Während meines Aufstiegs trat ich immer wieder auf zerbrochene Ziegelsteine, die mich daran erinnerten, aus welchem besonderen Stoff dieser Koloss gemacht worden war.

Nach zehn Minuten hatte ich den Kienberg bezwungen. Auf der kahlen Kuppe standen ein paar verstreute Ausflügler herum. Ich überlegte, ob Reinhold Messner jemals irgendwo auf einem Gipfel mit solch lächerlichen, schon von der Kleidung her den Gefahren der Bergwelt gegenüber vollkommen unzureichend gewappneten Gestalten konfrontiert gewesen war, wenn er schwitzend und keuchend ankam, den Eispickel sinken ließ, die Atemmaske abnahm und nach seinem Handy griff, um seine Frau anzurufen und den Erfolg zu vermelden.

Unter mir erstreckte sich die größte Plattenbausiedlung Europas bis zum Horizont. Es begann zu tropfen. Im linken Augenwinkel bemerkte ich eine massive Wasserwand, die sich in meine Richtung bewegte. Ich habe gut funktionierende Reflexe, aber bevor ich meinen Knirps-Automatikschirm aus dem Schulterholster reißen und auf den Auslöseknopf drücken konnte, hatte mich die Wasserwand schon erfasst. Vor meinen Augen verwandelte sich der

Viele Pensionen im Bereich der Zone werden eher als Halb- denn als Vollpension geführt.

Trampelpfad in einen reißenden Bach. Ich taumelte einige Schritte abwärts, während mir das Wasser schon zu den Hosenbeinen herauslief. Dann schlug 200 Meter von mir entfernt ein Blitz ein. Ich schleuderte den Schirm ins Gebüsch und rannte. Zu einem Crescendo aus Blitz und Donner schlitterte ich den Pfad hinunter gen Tal.

Unten angekommen, hörte der ganze Spuk fast so schnell auf, wie er begonnen hatte. Ich saß am Rande Marzahns unter dem schützenden Vordach einer Grundschule und leerte das Wasser aus meinen Bergschuhen in einen pausenhofgroßen See, als die Sonne ihre wärmenden Strahlen wieder durch das zerfetzte Wolkengespinst schickte.

Wenig später stand ich vor einer kleinen, zweistöckigen, auf rustikal getrimmten Pension: falsches Fachwerk, echte Plastikblumenkästen vor Original-Plastikfenstern mit handgefertigten Plastiksprossen. Derart aufgerüstet, versuchte das Haus auf rührende Weise, der Plattenbaurealität zu trotzen. Sprach es von Idylle, Vertrauen, den guten alten Zeiten? Auf jeden Fall belog es mich. Denn unter der Plaste-Schminke steckte ein typischer 50er-Jahre-DDR-Bau. Aber ich hatte keine Wahl. Ich war nass, mir war kalt, ich ging rein.

Mein Zimmer verfügte über einen aus der Wand klappbaren Hosenbügelautomaten. Man klemmt seine Hose, etwa so wie man asymmetrisch belegte Weißbrotscheiben in einen antiquierten Toaster klemmen würde, zwischen zwei beheizte Bretter. Ich schob meine klatschnasse Jeans in die Apparatur, spannte einen Bindfaden im Zickzack durch das handtuchgroße Zimmer, verteilte meine Habe auf der Leine, warf einen Blick durch das winzige Dachfenster auf die menschenleere Straße und kletterte in die Dusche. Den halben Abend blieb ich unter dem heißen Wasserstrahl stehen, sah meiner Wäsche beim Trocknen zu und wäre fast im Stehen eingeschlafen.

»Wohnen Sie in dem Haus?« Seit einer halben Stunde spazierte ich durch Marzahner Plattenbauschluchten, als mir ein unrasierter Mann mittleren Alters auffiel, der mit seinem Fahrrad vor einem graubraunen Stück Sperrmüll stand.

»Nein, nein, ich wohn drüben auf der anderen Seite.«

»Was machen Sie denn gerade hier?«

»Ich hatte mal geguckt, ob ich was gebrauchen kann von dem Ding da, aber das ist schon ziemlich alt.«

Wir schauten jetzt gemeinsam auf die Komposition aus furnierten Spanplatten.

»Aber sieht noch ganz gut aus von außen«, schwindelte ich freundlich.

»Ja, sieht es noch, ja. Aber da fehlt ja noch einiges, nicht?«

Der Mann hatte es wirklich sehr höflich ausgedrückt. Außer dem kaputten Rückwandrest auf der Straße vor uns fehlte von der Schrankwand eigentlich alles.

»Findet man so etwas öfter in der Gegend?«

»Ja, findet man öfter. Schöne Sachen. Die Leute stellen manchmal alles Mögliche raus. Irgendwas findet man immer hier. Das Beste war eigentlich eine Mikrowelle und ein Staubsauger, aber auch schönes Spielzeug und so was, die Leute schmeißen alles weg, Bücher, Porzellan, alles.«

»Und verkaufen Sie das?«

»Das meiste verschenke ich eigentlich alles so, an Kumpels, die ich kenne, und da sind ja nun viele auch hier arbeitslos, die irgendwas brauchen, die fragen, Eberhard, 'nen Staubsauger, haste mal das und das …«

»Nicht schlecht, ist das Ihr Hobby oder Ihr Beruf?«

»Das ist mehr oder weniger so ein Hobby …«

Eberhard wohnte in dem Block jenseits der vierspurigen Ausfallstraße. Ich erklärte ihm, dass ich gern wissen würde, wie eine Plattenbauwohnung von innen aussieht. Tatsächlich war ich noch nie in so einem Betonwohnblock gewesen. Triumphierend verriet er mir, dass alle Wohnungen mehr oder weniger identisch seien. Es gebe zwar unterschiedliche Wohnungstypen wie Drei-, Vier- oder Einraumwohnungen, aber alle Dreiraumwohnungen zum Beispiel seien praktisch gleich geschnitten.

»Da die Platten fertig gegossen sind, befindet sich immer vorne direkt die Küche. Die Küche geht immer vom Wohn-

Es ist ein erhabenes Gefühl durch das »Steintal« zu wandern. Immer wieder öffnen sich neue, überraschende Blicke auf den WBS 70, den WHH GT 18, P2 und den Q3A.

zimmer ab, damit die Küche ein Fenster hat. Die Bäder sind allerdings meistens fensterlos. Bei innenliegenden Wohnungen ohne Fenster gibt es eine Durchreiche, dann liegt die Küche eben hinten am Wohnzimmer dran«, schloss Eberhard seinen detailreichen Monolog.

»Wie bitte? Keine Fenster in der Wohnung?« Plötzlich war ich wieder hellwach.

»Doch, im Wohnzimmer, Schlafzimmer ja, aber in den Bädern und in den Küchen, da hast du meistens gar keine Fenster. Da gibt es dann so eine Art Absaugschacht.«

»Das heißt aber auch«, resümierte ich, »wenn man sich in einer Wohnung auskennt, kennt man sich in allen Wohnungen aus? Bei einer Einladung zum Essen muss man bei niemandem nach dem fensterlosen Badezimmer fragen?«

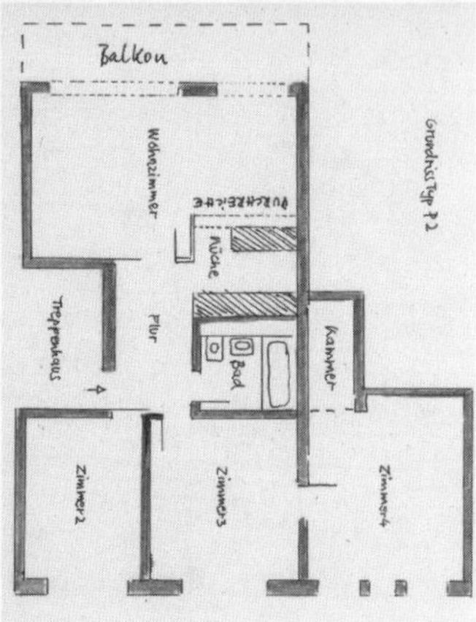

Fig. 1: Grundriss einer P2-Plattenbauwohnung in Marzahn.

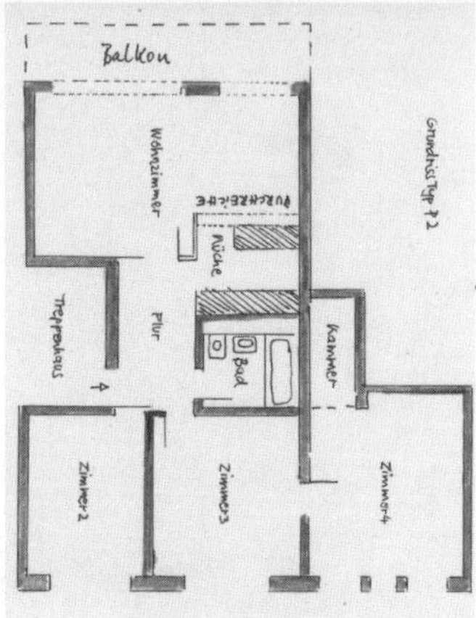

Fig. 2: Grundriss einer P2-Plattenbauwohnung in Hellersdorf.

Er bejahte eifrig und ergänzte, nicht ohne Begeisterung, man könne so eine Wohnung mit verbundenen Augen besuchen und finde sich, als DDR-Bürger, sofort zurecht.

Das stimmte natürlich überhaupt nicht. Ich wusste genau, dass es abweichende Grundrisse gab, weil ich mal von einer Familie gelesen hatte, die sich zu DDR-Zeiten sehr über die Zuweisung einer Fünf-Zimmer-Wohnung in Marzahn gefreut hatte. So sehr, dass sie erst geraume Zeit nach dem Einzug merkte, dass sie eigentlich in vier Zimmern hauste und sich diese Situation auch durch mehrfaches Durchzählen der Räume nicht verbessern ließ. Über Vergleiche mit Nachbarwohnungen und sensibles Abklopfen verschiedener Wände stellte sich dann heraus, dass es doch fünf Zimmer

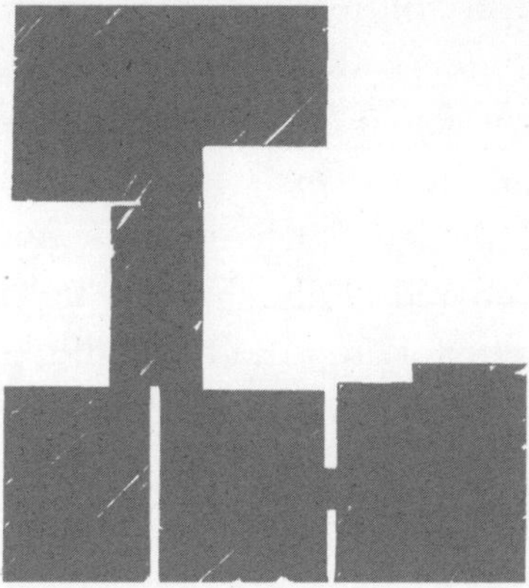

Praktisch: Die Auslegeware passt in beide Wohnungen!

waren. Allerdings verfügte ein kleines Eckzimmer über so gut wie keine Zugangsmöglichkeiten. Als man die sorgfältig zugemauerte Türöffnung aufgestemmt hatte, wurde der Grund ersichtlich: Nach Abschluss der Bauarbeiten hatten die Arbeiter hier diverse Dinge gesammelt, die sie lieber nicht abtransportieren wollten. Neben erheblichen Mengen Leergut besaßen die neuen Mieter plötzlich auch eine praktische Betonmischmaschine.

»Aber nicht nur das«, fuhr Eberhard ungebremst fort. »Immer, wenn ich zu DDR-Zeiten mal umziehen musste, konnte ich meinen Teppich mitnehmen. Eben dadurch, dass alle Wohnungen identisch sind!« Der Mann mit dem verwaschenen T-Shirt sah mich mit großen Augen an.

»Das ist ja brillant!«, entfuhr es mir. Ich sah vor meinem geistigen Auge Millionen glücklicher DDR-Bürger mit ihrer perfekt zugeschnittenen Auslegeware unter dem Arm von einer Wohnung in die andere ziehen. Ich stellte mir den Glücksmoment vor, in dem man beobachtet, wie die Teppichbodenrolle, die man in die leerstehende neue Wohnung schmeißt und mit dem Fuß leicht anstuppst, durch kleinste Zimmernischen und Türdurchbrüche kullert, um schließlich in der letzten, kompliziert geschnittenen Raumecke millimetergenau mit einem schmatzenden Geräusch einzurasten.

»Das ist ja ein Riesenvorteil gegenüber dem Westwohnungsbau«, lobte ich den überglücklichen Zonenbewohner. »Aber gibt es denn auch Nachteile?«

»Na ja, Nachteil ist eben, dass die Bäder keine Fenster hatten.« Eberhard schaute sichtlich betrübt in die Runde.

Ob der Musiklehrer Reinhold Limberg an derartige Gebäude dachte, als er das FDJ-Lied »Bau auf, bau auf, Freie Deutsche Jugend, bau auf!« textete? Wahrscheinlich nicht.

Im Großen und Ganzen sei aber inzwischen viel saniert worden. Das galt allerdings nicht für den Plattenbau, vor dem wir gerade standen.

»Das ist also noch original DDR-Zustand?«, fragte ich, beeindruckt von so viel noch erhaltener historischer Substanz. Ob sich ein Archäologe im ägyptischen Tal der Könige wohl ähnlich gefühlt haben mochte, wenn er eines von Grabräubern noch unversehrten Pharaonengrabs ansichtig wurde?

Das sei, bestätigte Eberhard, in der Tat noch original DDR. Da hätten sie ein bisschen was dran gemacht, also teilweise die Ritzen zugekleistert, aber sonst nichts. Er wisse ja nicht, wie es innen aussehe, aber oft sehe es innen so aus wie außen. Oder man habe es außen neu gestrichen und innen gar nichts gemacht, da seien dann sogar die alten Rohre drin. Noch ein Nachteil seien die Heizanlagen, das sei immer noch altes Zeug, durch die käme man mit den Heizkosten nicht hin.

Die meisten Bewohner würden aber trotzdem lieber hier wohnen bleiben. Zu DDR-Zeiten hätten sich alle gekannt, es gab Hausfeste und Hausbücher, wo die Leute alle reingeschrieben wurden.

»Aber heute kennt man sich kaum noch untereinander. Wenn jetzt einer im elften Stock einzieht, das interessiert die anderen gar nicht mehr. Jahrelang läuft man aneinander vorbei, sagt höchstens mal ›Guten Tag‹ oder ›Wiedersehen‹.« Eberhard sah mich an.

»Geht man denn nicht mal zusammen auf ein Bier oder trinkt gemeinsam einen Schnaps im Treppenhaus?«, fragte ich, deprimiert von seiner Schilderung.

»Das ist selten geworden, nein, nein, das ist vorbei«, winkte Eberhard ab.

Früher hätten sich die Hausbewohner regelmäßig unten im Partykeller getroffen. Das wär auch so eine Art Pflicht gewesen, heute mache das kaum noch einer, jeder wolle seine Wohnung zumachen und seine Ruhe haben.

»Waren Sie mal im Westen?«, fragte ich.

»Ja, nachdem die Mauer gefallen war, habe ich alles drüben angeguckt. Ist schon ein anderes Leben da drüben, obwohl die Mauer jetzt 20 Jahre weg ist.« Er nenne es immer noch »drüben«, obwohl es jetzt doch kein »Drüben« mehr gäbe. »Aber hier ist noch DDR, auf jeden Fall. Hier sind die Uhren stehengeblieben!« Viele dächten noch so wie zu DDR-Zeiten. In den Köpfen. Diejenigen, die hier großgeworden seien oder Berufe gehabt hätten in Richtung Armee oder Stasi. Die wohnten auch teilweise mit unter ihnen, klar. Bei manchen wisse man es, bei manchen nicht. Die machten ja heute ganz normale Berufe teilweise, in den Büros oder als Kraftfahrer. Wessis dagegen gäbe es kaum.

Im Großen und Ganzen gefiel es Eberhard selbst gut in Marzahn. Man helfe sich gegenseitig. Was hast du denn, fragten sie einen, wenn man mal einen Umzug machen müsse. Dann kämen gleich drei, vier Mann zum Helfen und wollten gar nichts dafür haben. Einen Kasten Bier und was zu essen, damit sei es gut. Und wenn der eine oder andre dies oder das brauche, dann versuche er, das bei Kumpels zu besorgen. Der eine hat noch das eine rumstehen, der andere hat was andres rumstehen. Eine alte Waschmaschine oder einen Kühlschrank.

Als Eberhard in seinen Ausführungen den Faden verlor,

nutzte ich die Chance: »Wohin würden Sie denn ziehen, wenn Sie Geld hätten?«

Er atmete tief ein und pustete die Luft in die Plattenbaustraßenschlucht. »Ich bin eigentlich ein Mensch, der das Wasser sehr liebt. Wenn ich viel Zeit habe, fahre ich immer zur Ostsee hoch, das ist meine Welt, mit Zelt oder Bungalow.«

Als Eberhard in Richtung Ostsee deutete, tauchte auf seinem Oberarm eine Tätowierung auf.

»Oh, ein echtes DDR-Tattoo!«, rief ich. »Ein äh … Anker?«

»Nein, nein, das ist kein Anker, das ist eine Frau, meine erste Liebe von 1970, also, das hätte eine Frau werden sollen, aber das klappte ja nicht immer so.«

»Was ist es denn geworden?«

»Das ist eine Frau mit Brille geworden. Aber die hat geschielt, und deswegen haben wir eine Sonnenbrille raufgemacht.«

»Und was ist das hier vorne?« Ich zeigte mit dem Finger auf die Vorderseite des verblassten Kunstwerkes.

»Das hätten eigentlich hier die Brüste werden sollen, aber dann ist das durch das Abkopieren spiegelverkehrt geworden und dadurch auch ein bisschen versaut.«

»Und was hat die Frau dazu gesagt, als sie das gesehen hat?«

»Ach, das hat sie ja nicht mehr mitgekriegt, zu der Zeit, als das fertig war, war das mit der Frau schon erledigt gewesen.«

»Zum Glück passt das ja bei der nächsten wahrscheinlich auch, oder? Mit Frauen ist es ja so ein bisschen wie mit Plattenbauwohnungen …«

»Möglich, ja«, sagte Eberhard und schaute plötzlich nervös auf seine Uhr.

»Hoppla, schon zehn Minuten drüber, ich muss los, meine Frau hat es nicht so gern, wenn ich zu spät zum Essen komme.«

Ohne das Rudiment der Schrankwand zu unseren Füßen noch eines Blickes zu würdigen, entfernte sich Eberhard im Laufschritt.

DER LADEN

»Ist das ein ganz normaler Laden hier?«

Ich stand vor einem Ladenlokal mitten in Marzahn, vor dem sich ein gewaltiger Berg gebrauchter Artikel auftürmte. Das überbordende Warenangebot dieses Fachgeschäftes hatte ich zunächst für einen Haufen Sperrmüll gehalten. Aber vereinzelte Teile des Konglomerats waren mit Preisangaben versehen.

»Ja, wir haben sogar drei Verkaufsstellen, von denen dies hier eine ist.« Ein hagerer Mann mit einem Kaffeepott in der linken und einer Cabinet Filter in der rechten Hand sprang mir zur Seite.

»Ist das wirklich ein ganz normaler Laden hier?« Ich betrachtete immer noch ungläubig die Geschäftsauslage.

»Ja, an und für sich für Bedürftige. Heutzutage sind die ja fast alle bedürftig, also kann hier jeder einkaufen.«

»Und was kriegt man hier?« Ich war irritiert, zumal nirgendwo Kunden zu sehen waren.

»Alles!«, rief der Hagere triumphierend und bahnte uns einen Weg in das Innere des Geschäftes. Links von mir türmten sich mehrere schäbige Schlafzimmereinrichtungen zu einem gewaltigen, bis an die Decke reichenden Massiv, zu meiner Rechten waren Teile unterschiedlicher Wohnzimmermöbel so kunstvoll ineinander verkeilt, dass es unmöglich war, zu sagen, wo ein Schrank aufhörte und ein Nachttisch begann. Mein Blick versuchte verzweifelt, Halt zu finden auf den Holzimitatoberflächen der Buffets, Anrichten und Beistelltischchen, zwischen den Gläsern, Garderoben und unzähligen Lampenteilen, Büchern, Besteckkästen und Sanitärinstallationsüberresten.

Er verkaufe alles, dozierte der Verkäufer. Alles, was man brauchte, um eine Wohnung einzurichten: vom Bierglas bzw. Mehrzweckglas angefangen bis zu Kücheneinrichtungen, Couchgarnituren, Leuchten, Wäsche und allen nur denkbaren Gebrauchsgütern. Manche fingen ja von null an, erklärte er mir. Er zog an seiner Zigarette und schaute sich um.

»Was kostet denn ein komplett neu eingerichtetes Leben bei Ihnen?«

»Also, das kommt auch immer auf die, sagen wir mal, Qualität oder so an.« Bei dem Wort »Qualität« legte er eine kleine Denkpause ein und ließ seinen Blick über das aktuelle Angebot streifen, wohl in der Hoffnung, einen Gegenstand zu entdecken, den man annähernd mit dem Begriff in Verbindung bringen konnte. Er fand keinen.

Mit dem Geld, das vom Amt zur Verfügung gestellt werde, könnten sich die Leute hier komplett einrichten. Dabei komme es vor allem auf die Größe der Wohnung an, erläuterte er mir fachmännisch.

Von Eberhard wusste ich, dass es drei verschiedene Wohnungstypen in Mahrzahn gab, wobei der W2er, eine Zweiraumwohnung, die häufigste Variante war.

»Hm, eine normale Zweiraumwohnung?« Er überlegte angestrengt, schaute in die Runde, rechnete, überdachte, addierte, sah mich an, summierte: »Also, ich denke mal – 500 Euro. Also, alles zusammen!«

Der Verkäufer warf mir einen erwartungsvollen Blick zu.

Ich weiß nicht, was genau in meinem Gesicht zu lesen war, als ich mich nun im Laden umschaute und versuchte, die sichtbaren Möbelfragmente zu einer probaten Wohnungseinrichtung zusammenzusetzen. Hatte nicht Wolfgang Engler darauf hingewiesen, dass die Lüge ein Prinzip des Kapitalismus ist, und die Aufrichtigkeit vielmehr in den Kaufhallen der Konsumgenossenschaften und der HOs überlebt hatte, in denen 40 Jahre lang kein Verkäufer irgendetwas beschönigen musste, weil er keinerlei Vorteil davon gehabt hätte? Vergessen hatte der Soziologe aus Dresden natürlich, dass es auch wenig zu beschönigen gegeben hatte in den leeren Regalen des Ostens und in den vollen noch weniger, aber das war jetzt zweitrangig. Aufrichtigkeit könnte eine instabile Atomsorte sein, deren Kern sich unter andauernder kapitalistischer Bestrahlung nach und nach auflöste, mit exponentieller Zerfallsgeschwindigkeit. Vielleicht wurde ich in diesem Laden mitten in Marzahn gerade Zeuge eines fragilen, historischen Transitionszustandes zwischen Kommunismus und Kapitalismus.

Der Verkäufer brach das betretene Schweigen, indem er murmelte: »Maximal, also 500, das ist schon maximal.« Nach einer Pause fügte er hinzu, da habe man dann aber schon eine Spüle, und das sei wirklich maximal gerechnet schon, meistens käme es noch darunter.

»Mit Büchern im Schrank?« Mein Blick war auf einen Haufen guterhaltener DDR-Klassiker gefallen, darunter der mittlerweile nicht mehr verfügbare Gedichtband *Partei – Herz der Klasse* des ebenfalls nicht mehr verfügbaren »Verlages für Agitation und Anschauungsmittel der DDR«. Falls der Band jemals etwas wert gewesen war, wovon ich

Auch bei einem Bestattungsunternehmen ist die Lage das A und O des wirtschaftlichen Erfolges.

angesichts seiner Ausstattung – Ledereinband im Schuber – und der versammelten, inzwischen vornehmlich als Namenspaten ostdeutscher Straßen bekannten Autoren von Johannes R. Becher bis Erich Weinert ausgehen musste, so war auch das vorbei.

»Ja, die Bücher im Schrank, die bekommen Sie noch gratis dazu. Es ist eine sozial sehr schwache Gegend. Die meisten Leute, also 80 Prozent, bekommen hier Hartz IV. Alle meine Bekannten zum Beispiel.«

Viele Menschen in Marzahn hätten praktisch gar nichts, schliefen auf Matratzen auf dem Fußboden und fingen ganz langsam an, wieder richtig Wohnungen einzurichten. Und dann seien sie natürlich froh, wenn sie bei ihm günstig einkaufen könnten.

»Wie war es denn zu DDR-Zeiten hier, wenn jetzt 80 Prozent von staatlicher Hilfe leben«, wollte ich wissen. »Haben die alle gearbeitet früher?«

»Ja, natürlich, zu DDR-Zeiten schon. Da hat ja jeder einen Job gehabt. Seit der Wende sitzen sie vor Kaiser's, trinken ihr Sternburger Pils, und bei vielen ist bereits der Strom abgestellt. Das Problem ist die Arbeitslosigkeit.«

»Würden Sie sagen, dass es vor der Wende besser war?«, forschte ich weiter.

Zu DDR-Zeiten sei man bestraft worden, wenn man nicht arbeiten ging. Arbeiten sei Pflicht gewesen. Der Gebrauchtwarenhändler sah mich traurig an. »Wenn man jetzt Bettler sieht, hier haste mal 'nen Euro oder so, so was gab es früher eben nicht.«

Er drehte sich um, warf seine Kippe auf den Boden und verschwand im Dunkel seines Ladens.

MALIBU DREAMS

Ich schlenderte auf die nahe gelegene Marzahner Promenade, setzte mich in den Wintergarten der »Diskothek Malibu Dream« und bestellte einen Kaffee. Von hier hatte ich ausgezeichnete Sicht auf drei klumpige Skulpturen in der Platzmitte: *Die Geschlagene*, ein kleiner unförmiger Haufen Bronze aus dem Jahr 1985, *Sich Aufrichtende*, ein mittelgroßer Bronzeklumpen von 1987 und *Sich Befreiender*, Jahrgang 1991, eine mannshohe Bronzeansammlung, die eine mit viel gutem Willen als Arm interpretierbare Bronzewurst, die in einer Kralle endet, gen Himmel reckt. Alle Exponate trugen die gleiche Signatur, und jede für sich könnte einen Zombiefilm zum Genreklassiker machen.

Auch auf dem trostlosen Platz, eingepfercht von Plattenbauten, Solarien, Freizeitcentern und der Diskothek »Malibu«, entfalteten sie ihre abschreckende Wirkung: Der Platz war menschenleer, und es bestand wenig Hoffnung, dass sich hier noch einmal eine bunte Schar fröhlicher Werktätiger treffen und erbauliche Parolen skandieren würde. Ein großformatiges Wandgemälde behauptete trotzig, dass das einmal anders gewesen war.

Die Besserverdienenden und Wendegewinner hatten sich längst aus dem Staub gemacht, und die ausgewogene soziale Mischung, die es zu DDR-Zeiten in der größten Plattenbausiedlung Europas gegeben hatte, war inzwischen Geschichte.

Wie lange die Bronzezombies ihren Platz hier noch würden verteidigen können, war schwer zu sagen. Aber lange konnte es nicht mehr dauern, bis diese realsozialistische Agora einer realkapitalistischen Vision zum Opfer fiel.

Im Schaukasten eines Freizeitcenters hatte ich die jüngsten Planungen zur Umgestaltung des Platzes gesehen, deren genialer Kerngedanke in der Errichtung eines gewaltigen Shoppingcenters bestand. Ob für Geschlagene oder Sich Aufrichtende und Befreiende ein Platz in diesem Konsumtempel vorgesehen war? Den Planungsunterlagen konnte ich es nicht entnehmen. Für alle heimatlos gewordenen Kunstschöpfungen standen jedoch Depots bereit, in denen

Sich Befreiender

die künstlerischen Visionen der DDR zwischengelagert wurden. Noch hatte niemand eine Idee, was man mit den großformatigen Darstellungen jubelnder Arbeiter und melancholischer Kosmonauten anfangen sollte. So ließ man sie im Kunstarchiv Beeskow oder anderswo im Regen stehen, aufgestapelt in großen Stahlregalen und – zur Beschleunigung ihres physischen Verfalls – unter freiem Himmel.

Und auch hier fing es wieder zu regnen an. Ich beschloss, mir etwas Gutes zu tun. An der Toilettentür im »Malibu« hatte ich das Werbeplakat eines Nagelstudios gesehen, das auch Fußmassagen anbot. Eine Behandlung in einem Marzahner Nagelstudio schien mir der ideale Weg aus der postsozialistischen Depression, die mich gerade zu erfassen drohte.

Ich war ein wenig nervös, als ich das Nagelstudio betrat. Erleichtert stellte ich fest, dass es im Innern aussah wie bei einem Friseur. Ein Schleier von New-Age-Musik und Haarspray hüllte mich ein, die Wände waren mit Brautfotos tapeziert. Eine etwa 45-jährige Dame mit großer Nase, viel Gold an den Ohren und einer richtigen Frisur nahm mir den Mantel ab. Richtige Frisuren gibt es nur noch im Osten. Während im Westen ein Konsens darüber herrscht, dass man, wenn man einen Friseurladen verlässt, auf keinen Fall so aussehen darf, als verlasse man gerade einen Friseurladen, tragen viele Ostdeutsche immer noch richtige Frisuren auf dem Kopf. Kunstvolle Kreationen, die mit Hilfe von reichlich Farbe, Haarspray und einem an staatlichen Frisurenakademien geschulten Geschmack in stundenlangen Sitzungen auf den Kopf montiert werden. In diesen Frisuren lebt die optimistische Utopie weiter, die auf den Straßen und Plätzen zwischen den Plattenbauten verlorengegangen ist.

Im Kapitalismus hat man nur dann eine Chance als Unternehmer, wenn das Werbekonzept stimmt. Bei der weißen Substanz im Vorgarten handelt es sich nicht um Schnee, sondern um Schuppen.

»Wird denn viel geheiratet in Marzahn?«, fragte ich die Studiobesitzerin, nachdem ich auf einem Friseurstuhl Platz genommen und ihr meinen rechten Fuß überlassen hatte.

»Im Moment ja, also, wir haben selber erst geheiratet, am 9. Juni.« Sie errötete leicht und machte mir einen Kaffee.

»Ihre Frisur verrät es ein bisschen«, erwiderte ich, immer noch beeindruckt von der aufwendigen Konstruktion auf ihrem Kopf.

Sie habe das in den letzten zehn Jahren sehr genau verfolgt, dass Heiraten wahnsinnig zunehme, wahrscheinlich deshalb, weil man sich mit sich selber beschäftige oder so. Die Mädels und auch die Jungs wollten ja speziell an diesem Tag das erste Mal so richtig schön sein und legten ein ganz anderes Outfit an. Mit Hochsteckfrisur, erzählte sie.

Die Besitzerin des Nagelstudios hatte erst nach der Wende mit einer Umschulung und Spezialisierungen angefangen und die letzten acht Jahre praktisch dauernd auf der Schulbank gesessen, um sich weiterzuqualifizieren für das, was sie in Marzahn vom Kopf bis zu den Füßen anbot. Die Wünsche der Kunden, erläuterte sie, richteten sich zunehmend nach dem, was so in der Werbung verbreitet wird, was im Fernsehen läuft oder in Filmen. Filme würden eine große Rolle spielen, auch bei den Frauen, und hauptsächlich die Werbung. Viele Besucher des Nagelstudios kämen noch mit Bildern aus Zeitungen, und sie habe sich das Zaubern angewöhnt, deswegen bekäme sie das dann auch genauso hin. Die Kunden in Marzahn kämen aus allen Schichten. Mädels und Jungs, die sich für ein partygerechtes Äußeres interessieren. Und Leute ab vierzig, die fänden: Jetzt kann ich mir selber mal wieder was gönnen, die Kinder sind ja raus.

Sie sei immer erstaunt darüber, dass sich die Leute nicht mehr so pflegten wie früher. Zu DDR-Zeiten sei das ganz anders gewesen. Ihre Mutti ging einmal in der Woche zum Friseur und auch regelmäßig zur Kosmetik, zur Fußpflege. Und heute seien die Regale voll von Produkten, die ohne fachliche Beratung angeboten würden. Die Leute stünden verunsichert davor und wüssten nicht mehr, was sie nehmen sollten. Ihr Nagelstudio unterscheide sich von anderen vor allem auch durch die moderaten Preise, versicherte mir die Besitzerin. Es sei doch unerschwinglich für viele, sich monatlich eine Kosmetikbehandlung für 50, 60 Euro zu leisten. So viel koste in Marzahn der wöchentliche Einkauf für eine Woche. Für eine dreiköpfige Familie.

»Schön glatt, nicht?« Sie hatte inzwischen die Oberfläche meiner Fußnägel abgefräst, gefeilt und poliert. »Das ist das, was ich meine, wir zaubern hier ein bisschen.«

Die Dame machte auch Hausbesuche, ihr Mann als Friseur und sie in der Fußpflege und Maniküre. Im Prinzip habe sich nach der Wende eigentlich nicht viel geändert. Die Leute hätten sich alle neu eingerichtet und ein neues Auto vor der Tür, aber sonst? Sie wohne seit 16 Jahren in Marzahn und wolle niemals irgendwo anders hinziehen. Hier gebe es alles, die Luft, die Einkaufsmöglichkeiten, die in den letzten Jahren entstanden waren. »Zu DDR-Zeiten gab es an jeder Station praktisch nur eine Kaufhalle, inzwischen gibt es drei, vier, fünf Märkte im Angebot, Schulen, Kindergärten, alles ist da, Freizeit, Cafés … Gut, Cafés sind eher Mangelware.«

90 Prozent des Bruttosozialproduktes werden in den neuen Bundesländern durch Nagelstudios erwirtschaftet. Kein Wunder, jeder von uns besitzt bis zu 20 Nägel.

Ihren Mann habe sie zum Beispiel im »Malibu« kennengelernt – durch Zufall. Sie sei dort mit ihrer Tochter verabredet gewesen, abends, da habe er auf der Tanzfläche gestanden. Ihre Blicke hätten sich getroffen, und seitdem seien sie ein Paar. Das sei in der Nacht vom 4. zum 5. Dezember 1995 gewesen. Sie müsse dazusagen, sie gehe seit 16 Jahren ins »Malibu« zum Tanz, und die anderen habe sie ja alle gekannt, weil man sich da ja regelmäßig treffe, und wenn da ein neues Gesicht auftauche, dann fiele das auf. Nur sie sei für ihn nicht so interessant gewesen anfangs, weil er ja eigentlich gar nicht hier nach Berlin gehörte. Er sei hier auf der Durchreise gewesen, sozusagen.

Heute machten sie alles zusammen, das habe ihr praktisch in ihrem Leben so gefehlt, ein Mann, der ihren Beruf mitlebt. Das hier sei schließlich ihr Leben. Sie legte die Feilen und Raspeln nieder und schaute mich zufrieden an.

»Hat es Ihnen gefallen?«, fragte sie.

Für die Dame war es eine reine Wirtschaftssache. Hätten die Leute Arbeit, dann kämen sie auch zu ihr. Die Unglücklichen blieben ihrem Salon fern, verkröchen sich, denen sei es egal, wie sie aussehen. Das Frühjahr sei ganz besonders, weil die Leute dann etwas aus sich machten. Dann kämen sie verliebt aus dem Urlaub, jedes Jahr aufs Neue, dann fingen sie wieder an, sich mehr um sich zu kümmern. Darüber könnte sie ein Buch schreiben. Im Prinzip wäre sie eine bessere Psychologin, sozusagen.

Dann war sie fertig mit mir. Meine Fußnägel glänzten, wie ich das bisher nur aus der Palmolive-Werbung kannte, und ich musste wieder raus auf die Straße.

GO EAST!

Nicht immer kann man eine beginnende Depression so professionell wegfeilen und -reden lassen. Auf meinen Reisen durch den Osten hatten mich derartige Anwandlungen regelmäßig gepackt. Vor allem das gastronomische Angebot in den Ländern des ehemaligen Ostblocks fordert die Geduld und die Magenschleimhäute eines Reisenden oft über Gebühr.

Der Kronleuchter mit Bierflasche. Ein typisches Design aus der Wendezeit.

Erlebnisgastronomie ist auch bei den Gastwirten an der Peripherie ein großes Thema.

Wenn ein regnerischer Reisetag mangels Alternative in einer grauen Bahnhofskneipe beginnt, deren Frühstücksangebot einzig aus grauem Kaffee besteht, braucht man schon eine außergewöhnlich stabile Psyche. Findet der Reisende mittags endlich eine graue Dorfkneipe, deren unwirsche Kellnerin die gelbgraue Speisekarte hinknallt und ihn im gleichen Atemzug darüber belehrt, dass es nicht möglich sei, eine in der gerade überreichten Speisekarte aufgeführte Speise zu bestellen (»Is nich!«), dass es vielmehr nur Kaffee und Spiegeleier gebe, dann tut er gut daran, den Restaurantbesuch als Teil eines übergeordneten Forschungsauftrages zu betrachten. Und seine ganze Aufmerksamkeit lieber auf die tausend Jahre alte, graue Inneneinrichtung des Lokals zu konzentrieren, deren groteske Hässlichkeit und gespenstische Trostlosigkeit allein Grund genug für eine die persönliche Gesundheit aufs Spiel setzende Expedition sind.

Geht es auf den Abend zu, sollte der Reisende keinesfalls zu wählerisch sein, wenn er an einer dieser elenden grauen Dorfkneipen vorbeikommt. Die übermütige oder versnobte Überlegung, es gäbe möglicherweise in diesem gottverdammten Kaff noch ein nettes rustikales Lokal, kann nämlich im Osten lebensbedrohliche Folgen haben. Macht sich der Reisende wider besseres Wissen auf die Suche nach einer menschenwürdigen Alternative, wird er unweigerlich feststellen, dass die Nachbarkneipen entweder schon geschlossen haben oder noch hässlicher sind. Oder noch hässlicher sind und obendrein seit zehn Minuten keine Küche mehr haben.

Man tut also gut daran, sich in die erstbeste graue Kneipe zu setzen und in Demut zu verharren. Dass es auch in dieser Kneipe aller Wahrscheinlichkeit nach nur Kaffee und hartgekochte Eier mit – unabhängig von der Jahreszeit – guterhaltenen Ostermalereien geben wird, bestenfalls ergänzt durch ein Fläschchen Maggi oder Bino, dem Maggi der DDR, darauf sollte man vorbereitet sein.

Ich habe einmal nach einem Expeditionstag, an dem ich nichts weiter als drei graue Tassen Kaffee und vier Spiegeleier zu mir genommen hatte, eine nikotinbräunliche Gaststätte betreten. Es war noch früher Abend, und ich beschloss, diesen Tag mit ein paar Bieren zu einem guten Ende zu führen. Unter den feindseligen Blicken der einheimischen Bevölkerung setzte ich mich an einen speckigen Tisch, bestellte ein Bier und beobachtete voller Hoffnung, dass sich die Kellnerin tatsächlich in Bewegung setzte. Sekunden später stand sie wieder vor mir und teilte mit, dass das Bier aus sei, ich aber gerne einen Kaffee bestellen könne – und Eier habe sie auch noch. Ich fand es nur konsequent, einen Tag, den ich mit Kaffee und Eiern begonnen und mit Kaffee und Eiern fortgeführt hatte, nun auch mit Kaffee und Eiern zu beschließen.

Während ich mit leicht übersäuertem Magen, aber mit Heißhunger aß, fiel mein Blick auf eine Tafel Schokolade, die in einer staubigen Vitrine über dem Tresen lag. Vielleicht aus purem Übermut fragte ich nach ihr. Mir wurde lakonisch mitgeteilt, dass diese Süßware eine Attrappe sei. Eine Potemkin'sche Tafel Schokolade, die vermutlich einzig und allein übermütige Gäste aus dem Westen demütigen sollte.

Aus all diesen Prüfungen ging ich aber gestärkt hervor, und ich habe nie lange gezögert, bald wieder eine Expedition in den Osten zu unternehmen. Eine unstillbare Neugier auf graue Blocksiedlungen, schlechtes Essen und schlecht gelaunte Kellnerinnen lässt mich immer wieder aufbrechen. Denn nirgendwo auf der Welt begegnet man unbegreiflicheren Daseinsformen und Speiseangeboten als

Nicht mit dem Leben in der DDR zu vergleichen: Frühstück auf einer Hotelterrasse im Golf von Neapel.

im Osten. Wo wurde staunenden Forschungsreisenden ein Teller violett-weiß schimmernder Innereien serviert, die in einer blasstrüben Flüssigkeit schwammen? Natürlich in einer Interraststätte in der Zone. Und das nur wenige Kilometer von der westlichen Zivilisation entfernt. Um die kulinarischen Abgründe, die in Ostberlin aus Plasteschüsseln mit Aluminiumbesteck verzehrt wurden, ranken sich bis heute unzählige Legenden. Für solche Erfahrungen müssen gewöhnliche Forscher Tausende von Kilometern fliegen, sich stundenlang durch den Dschungel kämpfen und monatelang bei menschenfressenden Eingeborenen ausharren.

Ich erinnere mich an eine Reise in die Tschechische Republik, in die ehemals glorreichen und heute vergessen vor sich hin bröckelnden Kurorte Franzens- und Marienbad.

Fünf Tage lang war ich in Böhmen unterwegs und hatte in abenteuerlichen Unterkünften genächtigt, die alle ein gemeinsames Merkmal aufwiesen: die vollkommene Abwesenheit eines Badezimmers. Ich war verschwitzt und müde und beschloss, meine Energierestreserven darauf zu verwenden, ein Haus zu finden, das diesen bescheidenen Luxus bot.

Ich fand nur einen düsteren Schuppen, in dem man mir wortreich erklärte, dass ich mir das einzige Bad des Hauses mit den Gästen des gegenüberliegenden Zimmers zu teilen hätte. Schon als ich meine Tür aufschloss, hörte ich das vielversprechende Plätschern rauschenden Wassers. Ich richtete mich ein und öffnete alle zehn Minuten die Tür, um zu lauschen, ob das Bad inzwischen frei sei.

Das Rauschen hielt über Stunden an, und es mischten sich vermehrt vergnügte Stimmen, Gekicher und andere Laute hinein. Es waren wohl drei Stunden vergangen, in denen ich auf meinem Bett mit meinem Handtuch auf den Knien im trüben Licht einer kargen Glühbirne auf ein Zeichen wartete, dass meine Zimmernachbarn ihre Badeorgie beendet hatten. Endlich war es still. Ich sprang voller Vorfreude in die karge Nasszelle. Ich drehte das heiße Wasser auf, doch es kam nur kaltes. Nackt und zitternd vor Kälte stand ich neben der Dusche und wartete auf ein Wunder, doch das Wasser blieb eiskalt.

Ich kehrte in mein Zimmer zurück, überbrückte eine weitere Stunde und schlich wider besseres Wissen noch einmal ins Bad, voller Hoffnung, der Boiler könne sich wieder aufgeheizt haben. Doch es gab nur einmal warmes Wasser in diesem Haus. Wenn es verbraucht war, war es verbraucht.

Ich beschloss, die Kleinstadt ungewaschen zu besichtigen. Der Ort lag in einem Talkessel, ein paar schmutzige alte Häuser umstanden einen fünfzehnstöckigen Hotelturm. Auf dem Platz vor dem Hochhaus drängten sich mehrere Philippinos um einen Krankenwagen. Im Vorübergehen trat ich beinahe in eine gewaltige ketchupfarbene Blutlache und erfuhr, dass einer der philippinischen Schwarzmarkt-Zigarettenverkäufer gerade von einem konkurrierenden Mitbewerber niedergestochen worden war.

Auf der Suche nach einer Gaststätte ließ ich die surreale Szene hinter mir und fand schließlich eine kleine brechend volle Kneipe irgendwo im Souterrain. Das Getränkeangebot beschränkte sich auf eine purpurfarbene Rotwein-Cola-Mischung, die in Ein-Liter-Glasstiefeln serviert wurde. Die meisten Gäste hatten schon mehrere dieser Kübel geleert und fingen an, sich zu prügeln. Ich schaute mir das Schauspiel eine Weile an und erfuhr nebenbei, dass ich mich in der ersten privat geführten Kneipe des Ortes befand. Die Wirtin, eine in die Jahre gekommene Prostituierte, hatte nach der Wende ihren Beruf an den Nagel gehängt und führte nun dieses ausgelassene Lokal. Als sich die Prügelei in meine Richtung zu verlagern drohte, beschloss ich, den Abend zu beenden. Zurück in meinem Hotelzimmer, starrte ich stundenlang auf eine Ostblocktapete. Warum hatte ich nicht wie andere einen dreiwöchigen Badeurlaub an der Algarve gebucht?

Doch solche Zweifel verflogen schnell, wenn ich am nächsten Morgen in einer grauen Bahnhofskneipe saß und eine unwirsche Kellnerin mir einen grauen Kaffee und zwei Spiegeleier auf den Tisch knallte. Dann konnte ich es gar nicht erwarten, hinauszutreten in diese in allen denkbaren

Grautönen gemalte Höllenvision, die bis vor kurzem unter dem Namen Ostblock firmierte.

Bei all meinen Ost-Expeditionen, ob nach Polen, Rumänien, Bulgarien, in die Tschechische Republik oder in die wunderlichste aller Zonen, die Ostzone, bin ich immer mit den erstaunlichsten Eindrücken belohnt worden. Denn wer nach Bali fliegt, kann vielleicht einen Zipfel des Paradieses erhaschen, wer aber in den Osten reist, kann sich in aller Ruhe im Fegefeuer umschauen. Und ich fand die Hölle schon als Kind interessanter als den Himmel. Ein weiterer Vorteil ist, dass einem in den grauen Plattenbausiedlungen von Kiew und Minsk, Plowdiw und Brest/Litowsk, Taschkent und Tiflis nur wenig Touristen begegnen. Es gibt dort noch Ureinwohner zu beobachten, während zwischen Bali und Malibu nur noch bezahlte Folkloristen hausen.

HERR PAULCHEN

Die Wohnungsbaugenossenschaften lieferten sich einen beeindruckenden Konkurrenzkampf in Sachen Plattenbauverschönerung. Ich passierte eine hellblau und fliederfarben verkleidete Platte, überquerte einen zugigen Platz, der von vier Überwachungskameras eingerahmt war, hielt auf einen großen, schmutzig gelb-orangefarbenen Block zu, bog rechts in eine Seitenstraße und stand vor einem Plattenbauensemble, dem ein humorbegabter Architekt eine lustige, bunte Betongiebellandschaft aus Dreiecken und Kreisen aufs Dach gestellt hatte. Es begann wieder zu nieseln. Auf einem Balkon im siebten Stock lehnte ein Mann in einem für sein Alter deutlich zu gelben T-Shirt an der Brüstung und rauchte.

Unwillkürlich kam mir der Sachse Heiner Müller in den Sinn. Es gab verschiedene Fotos, die ihn auf dem Balkon vor seiner Wohnung zeigten, im 14. Stock eines Plattenbaus im Bezirk Friedrichsfelde, unweit des Ostberliner Tierparks. 15 Jahre lang hatte er dort gewohnt, und wenn der Wind von Osten wehte, hatte es auf dem Balkon nach Eisbär gerochen. Unzählige Male musste Müller so oder ähnlich auf dem Balkon gestanden und die Laufwege der Ostdeutschen am Boden verfolgt haben. Freunden hatte er erzählt, dass er dabei gut nachdenken könne und die Menschen aus der Höhe tatsächlich wie Ameisen aussähen.

Waren zehn Ameisen eigentlich dümmer oder klüger als

fünf? Während meiner Überlegungen wurde der Regen stärker. Der Ameisenforscher auf dem Balkon stand im Trockenen. Ich nicht.

»Hallooooo, kann ich mal hochkommen? Es regnet!«

»Wat?« Er stierte herunter.

»Nur auf einen Kaffee!«

Er drehte sich nach hinten, offenbar um mein Ansinnen an eine entscheidungsbefugte Instanz weiterzuleiten. Ich sah, wie er dabei nervös seine Asche abklopfte.

»Nur für zehn Minuten!«, rief ich, »Sie haben doch Zeit!«

Dann kamen Anweisungen von hinten. Er drehte sich wieder zu mir, gestikulierte abwehrend und rief mit gedämpfter Stimme, als dürften es die Nachbarn nicht hören: »Nee, meine Frau hat abgelehnt!«

»Aber Sie sind doch der Mann im Haus!«

»Das hat damit gar nichts zu tun, wir haben beide die Hosen an.«

»Aber Sie langweilen sich doch eh! Wir können reden ...« Abrupt drehte der Mann ab und zog sich in die Wohnung zurück. Vielleicht wollte er ein letztes Dramenfragment in die tragbare Schreibmaschine tippen.

Als ich einen Block weiterging, rief ein Mann von einem der Balkone im fünften Stock, ob ich heraufkommen wolle.

»Ja«, schrie ich zurück.

Der Türsummer schnarrte, und schon stand ich im Treppenhaus. Es roch frisch renoviert. Oben angekommen, stand mein Gastgeber in der Tür. Er war Mitte 50, trug kurze Hosen, ein schlabberiges T-Shirt und Badelatschen. Nachdem er sich vorgestellt hatte, begann Herr Paulchen sofort und ohne Unterlass zu reden.

Ich möge seinen Auftritt entschuldigen, er sei auf Abruf, und seine Firma könne – im Grunde genommen – jede Minute anrufen und sagen, bei ihnen sei einer ausgefallen, dann müsse er gleich los, also, das sei jetzt so eine Situation, wo er erst mal zu Hause rumhocke und warte, bis das Telefon klingelt. Die Häuser, das sei Bausubstanz von 1983, er habe gesehen, dass ich mich für Architektur interessiere, und da habe er gerufen.

Ich folgte ihm durch seine Wohnung auf den Balkon. Wir schauten in den Innenhof einer hufeisenförmigen Anlage aus drei großen bunten Wohnblocks.

Nach der Wende seien die Blocks nicht mehr vermietbar gewesen und von der Wohnungsbaugesellschaft ganz schnell an Privatfirmen verkauft worden. Herr Paulchen deutete auf den gegenüberliegenden Block. Da könne man es genau sehen, alles leer, außer der Wohnung mit den Deutschlandfahnen in der sechsten Etage.

»Finden die Leute das schön hier?«, unterbrach ich ihn. Mir war klar, dass die Bewohner der Wohnblocks den postmodernen Zierrat, mit dem der Eigentümer aus dem Westen die nüchternen Plattenbauten notdürftig dekoriert hatte, zwar schön fanden, dass sie das aber nicht zugeben wollten, weil sie aus Prinzip gegen jede Veränderung waren, ja sein mussten, die aus dem Westen kam.

Also für ihn persönlich sei es ein angenehmes Wohnen, lavierte Herr Paulchen herum. Zu DDR-Zeiten habe es – im Grunde genommen – gar nichts gegeben, da hätte man einfach diese 08/15-Tapete überall an die Wand gekleistert, ob im Badezimmer oder im Hausflur, alles sei genau identisch gewesen.

»Da gab es nur eine Tapete?«, staunte ich.

»Ja, fast.« Paulchen nickte heftig. Das sei zumeist Blümchentapete gewesen, je nachdem, was man gerade bekommen habe.

»Wird man da nicht schnell wahnsinnig?«, fragte ich, während ich überlegte, ob der Mann, der da in kurzen Hosen und schlabberigem T-Shirt vor mir stand, vielleicht schon durchgedreht war.

»Nein, viele haben das dann überstrichen.«

Ich folgte meinem Gastgeber ins Wohnzimmer, wo er auf eidotterfarbene Wände deutete. Als er eingezogen sei, habe er in der ursprünglich weißen Wohnung diese Gelbveränderung vorgenommen.

»Und wie sind Sie auf das Gelb gekommen?«

Im Grunde genommen eine geschmackliche Anregung durch seine Lebensgefährtin, führte er aus, die jetzt arbeiten sei. Die habe zu ihm gesagt, er solle mal mit ihr rübergehen in den Farbenladen auf der anderen Straßenseite. Paulchen deutete auf die Wohnzimmerwand, hinter der der Laden liegen musste. Den sähe man jetzt nicht, ergänzte er entschuldigend.

Die Begehung des Wohnzimmers war damit beendet, und wir besahen uns den Flur. Er könne ja mal Licht machen, schlug er vor und ließ mich in seine Abstellkammer schauen, in der es aussah wie in einer Abstellkammer. Er zeigte auf zwei wackelige Regale. Die habe er selber eingebaut. Im Grunde genommen könne man hier einfach so Sachen reinstellen, erläuterte er und machte das Licht wieder aus.

»Und jetzt zeige ich Ihnen mein Hobby-Zimmer.«

Ich sah in einen kleinen Raum, der fast vollständig von einer Modelleisenbahnanlage ausgefüllt wurde. Hier habe er sich seinen Wunschtraum erfüllt, es sei schon seine dritte Modelleisenbahn, allerdings noch nicht ganz fertig. Eine Frage der Kosten.

»Ist das Märklin?«, fragte ich, weil das der einzige Modelleisenbahnhersteller war, den ich kannte.

»TT ist das. Das sind alles DDR-Produkte«, antwortete Herr Paulchen voller Stolz. Stumm betrachteten wir die verschachtelte Nahverkehrsanlage aus vergangenen Zeiten.

Diese Abfahrten von der oberen Platte nach unten in diesen sogenannten Schattenbahnhof, Paulchen zog mich unter die Spanplatte, die sein Universum trug, die seien von ihm selbst gebaut worden. Es gäbe auch fertige Sachen zu kaufen, aber nicht in der Baugröße, wie er sie gebraucht habe. Er habe sie sich nach seiner persönlichen Phantasie erstellt, und diese ganze technische Sache hier unten drunter sei – im Grunde genommen – ordnungsgemäß verdrahtet, ohne Kurzschluss.

Wir lagen jetzt nebeneinander unter der Modelleisenbahnplatte und schauten in ein beeindruckendes Gewirr aus spiralförmigen Schattenbahnhöfen, Relais und Kabeln. Ich ergriff einen lose herunterbaumelnden Draht.

»Und was ist das für ein Kabel hier?«

Das sei zum Beispiel der Nullleiter, antwortete Paulchen feierlich. Der Schwarze, er ergriff einen anderen Draht, das sei ebenfalls ein Nullleiter, der gehe von hier rüber zu einem Haus. Er rollte sich über die Schulter tiefer in den Untergrund hinein. Das könne er mir jetzt anmachen, rief er mir zu. Paulchen zwirbelte zwei Drähte zusammen, robbte an den Rand und spähte über die Plattenkante. Im Inneren des Schrankenwärterhäuschens leuchtete ein Licht auf.

Er rollte zweimal nach links, drehte sich auf dem Rücken einmal um die eigene Achse und schoss elegant nach oben wie eine Robbe, die nach einem Hering schnappt. Ohne zu zögern, drückte er einen Knopf auf dem Schaltpult.

»Der fährt jetzt hier runter.« Er zeigte auf einen Zug, der an der Plattenkante stand. »Und hier ist ein Schaltkontakt, der schaltet – im Grunde genommen – dieses Signal.« Paulchens Stimme vibrierte vor Erregung. Er tauchte blitzschnell ab, über die rechte Schulter zur rechten Plattenaußenkante gerollt, reckte seinen Kopf nach oben und zeigte mit seinem ausgestreckten Arm auf ein Signal, das in diesem Moment mit einem trockenen Klack hochschnappte.

Modelleisenbahn sei eine Faszination, erklärte er. Wenn man nach Hause komme, schalte man hier ab, lege sich unter die Platte und wisse genau, halt, da fehlt noch ein Draht, noch eine Zuleitung. Man müsse auch gedanklich bei der Sache sein, denn ein falscher Draht bedeute hier unten einen Kurzschluss.

Ich betrachtete diesen Mann in kurzen Hosen, wie er da friedlich lächelnd unter seiner Platte lag. Es war ein symbolträchtiger Anblick: das Bild von Atlas, der das Gewicht des ehedem geschulterten Globus einer stabilen Spanplattenkonstruktion übergeben hatte, um sich nun in kurzen Hosen und Tennissocken selig an der Ordnung der Schaltkreise zu erfreuen und so für einen Moment zur Ruhe zu kommen. Oder lag da Gulliver im Lande Liliput, gefesselt von dem feinen Gespinst seiner selbsterschaffenen Verdrahtung?

Diese Frage hatte ich mir im Zusammenhang mit Modellbahnern schon häufiger gestellt. In Süddeutschland hatte ich einmal einen Bahnfanatiker besucht, der mit seiner Familie an einer 400 Quadratmeter großen Anlage bastelte. Großmutter, Ehefrau und Kinder mussten seit Jahren an allen Wochenenden Sklavendienste verrichten und im Akkord Modellbäume und Büsche fabrizieren. Die Familie fuhr nicht mehr in den Urlaub. Und mit jedem neuen Bauabschnitt vervielfachte sich die Akribie des Modellbahners, der sich tagelang in der Bemalung stecknadelkopfgroßer Balkonpflanzen verlor. Rücksichtslos bastelte er an seiner Miniaturutopie, während sein Leben vor die Hunde ging.

Ein anderer Modellbahner, er war Mitte fünfzig, wohnte mit seiner 84 Jahre alten Mutter zusammen. Längst war die Bahn aus seinem Jugendzimmer herausgewachsen. Seit dem Tod des Vaters wucherte sie durch das ehemalige Elternschlafzimmer, das die Mutter freiwillig geräumt hatte, durch den Flur in die Küche, die man nur betreten konnte, indem man unter einem Modellbahnviadukt hindurchtauchte. Die Mutter des Bahnbegeisterten war fast blind, was sie nicht daran hinderte, auf dem in der Küche verbliebenen Raum ununterbrochen Leberwurstbrote für ihren Sohn zu schmieren, während der mit einer Eisenbahnermütze auf dem Kopf trotz ständig entgleisender Züge versuchte, den Fahrplan auf seiner Anlage minutengenau einzuhalten. Der Mann lebte sein eigentliches Leben auf der Modellbahnplatte. Die Wirklichkeit war längst zur Nebensache geworden.

Dann hatte ich noch einen Industriellen kennengelernt, der in der Nähe seiner Villa einen tennishallengroßen Bau eigens für seine Modellbahn hatte errichten lassen. Dort traf er sich einmal in der Woche mit Gleichgesinnten, und ich durfte staunend beobachten, wie diese schwergewichtigen Männer schwitzend die viele tausend Euro teuren Sammlerstücke aus ihren Vitrinen hoben und auf die Spielzeuglandschaft hievten. Als ich das Grundstück am späten Abend verließ, musste ich dem Eigentümer hoch und heilig versprechen, niemandem zu erzählen, wo ich dieses Wunderland gesehen hatte, so groß war seine Angst, ein Einbrecher könne seine Schätze stehlen.

Eins hatten all diese Männer gemeinsam: Sie waren auf der Suche nach einem Eldorado, einer utopischen Welt, die weit besser sein sollte als dieser Trümmerhaufen, den der liebe Gott geschaffen hatte – zumindest bezüglich des öffentlichen Nah- und Mittelstreckenverkehrs.

»Warum gibt es keine Plattenbauten auf Ihrer Anlage?«, fragte ich in die Stille.

»Plattenbauten gibt es generell nicht auf Modellbahnen«, belehrte mich Herr Paulchen und krabbelte aus dem Untergrund hervor.

»Schade, oder?«, fragte ich, weil es mir sehr reizvoll erschien, einen Zug durch die Schluchten einer Plattenbausiedlung kurven zu sehen.

»Nein!« Entrüstet winkte er ab. Das passe – im Grunde genommen – gar nicht zu so einer Modelleisenbahn.

»Warum nicht?«

»Wenn ich hier meinetwegen statt der einfachen Häuser jetzt einen Elfgeschosser hinbauen würde, das würde … das würde das ganze Erscheinungsbild verschandeln.« Paulchen rang nach Worten und schüttelte angewidert den Kopf.

»Warum haben Sie keine Lust, Ihre Umgebung nachzubauen?«, bohrte ich weiter.

»Kein Interesse. Kein Interesse daran.« Er trat von einem Bein aufs andere. »Absolut nicht. Das ist einfach eine Phantasie. Die reale Welt wird keiner auf eine Modelleisenbahn bauen, das wird keiner machen!«

»Und was sagt Ihre Frau dazu?«, fragte ich.

»Die hat mir das gestattet. Wenn ich mir das finanziell leisten kann, dann soll ich das machen, hat sie gesagt.«

Er müsse aber zugeben, das könne auch zur Sucht werden. Es habe schon sehr oft Knatsch gegeben wegen der Eisenbahn. Er gehe nämlich raus, wenn ihm drüben beim Fernsehen irgendein Film nicht gefalle. Dann falle ihm ein, dass es etwas bei der Modelleisenbahn zu tun gebe. Und dann rutsche er runter und müsse das erst mal vollenden, und erst dann sei er wieder zufrieden. Und wenn er anschließend zu seiner Frau zurückkomme, sei der Familienfrieden – im Grunde genommen – schon ein bisschen schief. Also, er dürfe sich nicht ständig mit der Eisenbahn beschäftigen, sonst klappe das mit der Ehe nicht.

Während Herr Paulchen mit mir sprach, hatte er begonnen, an einer Weiche herumzufummeln und auf verschiedene Knöpfe zu drücken.

»So, an Gleis 1 bitte zurücktreten von der Bahnsteigkante«, rief ich. Er versuchte, einen der Züge aus dem Bahnhof fahren zu lassen. Die Lok ruckte immer ein kleines Stückchen nach vorn, blieb dann aber wieder stehen. Paulchen wurde nervös. Er zog an einem Draht und drückte auf Knöpfe. Irgendwie stimme hier was nicht, hier, nein, das sei auch falsch.

»Aber prinzipiell fährt er schon, oder?«, fragte ich.

»Ja. Also, was ist das jetzt hier? Das ist leider Gottes so was, was eigentlich nicht sein sollte. Das verstehe ich jetzt echt nicht, weshalb das nicht geht.«

Paulchen wischte sich den Schweiß von der Stirn und trat einen Schritt von der Platte zurück. Nach ein paar Handgriffen fuhr die Lok zehn Zentimeter nach vorn und blieb dann wieder stehen.

»Irgendwas stimmt, irgendwas stimmt jetzt nicht, so, die muss aber fahren.« Er tippte wie wahnsinnig auf verschiedene Knöpfe, auf rote Knöpfe, gelbe Knöpfe und blaue Knöpfe. Die Lok ruckte ein bisschen, fuhr zehn Zentimeter und stand still. Zwei, drei andere Lokomotiven nahmen dagegen Fahrt auf.

Herr Paulchen warf sich unter die Platte und nestelte an verschiedenen Drähten herum. Die Züge unten im Schattenbahnhof fuhren dem Anschein nach auch alle. Paulchen begann wild zu fluchen und zog den Hauptstecker. Als sein verschwitztes Gesicht unter der Pressspanplatte auftauchte, sagte er nur: »Ja, das ist leider so. Das mache ich nachher gleich wieder, das dauert nicht lange, ich denke mal, das ist unten ein Verdrahtungsfehler oder ein Anschlussfehler.«

»Apropos Anschlussfehler, wie haben Sie denn überhaupt die Grenzöffnung erlebt?«, fragte ich den Modellbahner.

»Na, ich hatte Dienst, ich war als Straßenbahnfahrer beschäftigt bis 2002, und meine Frau hatte lange Fernsehen geguckt und kam etwas um Mitternacht rum ins Schlafzimmer gestürmt, als dann die Grenze offen war. Und holte mich aus dem Bett. ›Gerald, die Grenze ist offen. Wir können in den Westen rüber.‹ Habe ich gesagt: ›Und? Was wollen wir nun da? Ich muss trotzdem um halb vier aufstehen, ich geh wieder ins Bett.‹ Sie hatte noch die ganze Zeit weitergeguckt und um halb viere, wie gesagt, musste ich ja meinen Dienst antreten auf dem Straßenbahnhof Marzahn, und da hat man dann schon gemerkt, dass die Wende wirksam wurde: Dienstausfälle en gros! Also die Leute, die eigentlich zum Straßenbahndienst eingeteilt waren, sind einfach nicht erschienen, die haben sich amüsiert drüben in West-Berlin auf der Straße, auf dem Ku'damm.«

Von solchen Schalttafeln ließ sich in der DDR so gut wie alles steuern: Fünfjahrespläne, Justiz, Hochleistungssport, Trabbis, Günter Guillaume, Ehefrauen, Medien. Der Knopf rechts unten wurde erst 1989 betätigt; er öffnete die Grenzen, leitete die sog. »Wende« ein und brachte die ehemalige FDJ-Sekretärin A. Merkel an die Macht.

»Gab es auf Ihrer Modelleisenbahn jemals ein solches Chaos?«

»Nee, eigentlich nicht. Also, wenn ich einen Zug fahren lassen will, dann fährt er auch. Außer jetzt gerade, das ist natürlich ein kleines technisches Problem.« Paulchen lachte entschuldigend. »Aber ich bin bis heute kein Freund von der Bundesrepublik. Ich bin – im Grunde genommen – immer noch ein Mensch, der in der DDR großgeworden ist. Und ich weiß auch, was ich an der DDR hatte.«

Als ich wieder unten auf der Straße stand, fühlte ich mich müde und erschöpft. Ein kalter Nachwendewind pfiff zwischen den Hochhausblocks hindurch, und es fing an zu regnen. Ich flüchtete zu einem winzigen Imbiss, dem einzigen gastlichen Ort in diesem Steintal. Dort bestellte ich einen Kaffee, setzte mich unter den schmalen Dachvorsprung der Imbissbude und beobachtete die vorbeihastenden Menschen.

Ein Vietnamese aus dem benachbarten Blumengeschäft schaute zu mir herüber.

»Wie laufen die Geschäfte?«, fragte ich.

Keine Antwort.

»Gute Geschäfte?«, fragte ich.

»Keine«, sagte der Mann und trat neben mich.

»Vietnam?«, fragte ich.

»Vietnam«, sagte der Vietnamese.

»Sie kommen aus Vietnam?«

»Vietnam!« Er nickte und lachte.

»Gutes Land«, sagte ich und dachte an die vielen Missverständnisse, die es gegeben hatte, als ich vor einigen Jahren mit ein paar Freunden zwei Wochen durch Vietnam gereist war.

Zuerst ging Tom, ein kleiner, freundlicher Franke mit schulterlangen Haaren, in Hanoi in einen an der Straße gelegenen Friseursalon. Während wir vor der Tür auf ihn warteten, wunderte er sich über die etwas zu offensiv gekleideten weiblichen Angestellten, die ihn höflich, aber bestimmt vom Eingangsbereich weg nach hinten baten. Als er begriff, dass dieser Friseursalon andere Dienstleistungen anbot als sein Stammfriseur in Hanau, und sich erinnerte, dass er seine gesamte Barschaft samt Flugtickets in der Hosentasche mit sich führte, klammerte sich der Mainfranke an einem Stuhl fest und bestand darauf, nun ja: die Haare geschnitten zu bekommen. Nach einem Moment des Entsetzens begann die hektische, kollektive Suche nach einer Schere, und nachdem sich tatsächlich irgendwo ein älteres Modell gefunden hatte, fragte die wortführende Dame noch einmal indigniert, ob er das wirklich wolle. Tom nickte und bekam eine Frisur verpasst, die bestenfalls als Gesellenstück ihrer Schöpferin durchgehen konnte.

Etwas später, als wir in einem Straßen-Café auf Baumstämmen herumhockten und kleine Tassen Kaffee mit extrem süßer, angedickter Büchsenmilch tranken, kam einer der unzähligen Kriegsgeschädigten auf uns zu. Er hatte ein verhutzeltes Gesicht, mit dem er an jeder Kinokasse ohne Diskussion in Filme ab 100 gedurft hätte, und zwei amputierte Beinstümpfe. Mürrisch schob er sich auf seinem Rollbrett herum, hielt jedem einen verbeulten Militärhelm unter die Nase und bekam ab und an ein paar kleine vietnamesische Geldscheine zugesteckt. Tanja, die ein gutes Herz hat, schmiss ihm aus Versehen eine 50 000-Dong-Note in den Helm, immerhin ein Gegenwert von knapp 2,50 Euro. Ungläubig besah der Greis den Schein, brach in ein infernalisches Gelächter aus, rollte auf ein paar vietnamesische Gäste zu, hielt ihnen das Geld vor die Nase und deutete abwechselnd auf Geld, Helm, uns und sich, bis alle Anwesenden mit ihm lachten.

Der Vietnamese in Marzahn nickte noch einmal: »Vietnam.«

Dann zeigte er auf den Platz: »Gut.«

»Regen gut?«, fragte ich.

Er sprang von seinem Stuhl auf, trat unter dem Vordach hervor, fasste sich auf den Kopf und sagte: »Gut.«

Ich hielt die Hand ins Freie. »Ah, es fängt wieder an«, sagte ich. »Schlecht. Regen.«

Eine Vietnamesin mit Regenschirm ging vorbei. »Regenschirm«, sagte ich.

Der Vietnamese nickte und ging in seinen Laden. Ich nahm noch einen Kaffee und dachte darüber nach, ob das unbändige Gelächter damals in Hanoi eher Indiz für einen entspannten Materialismus war oder vielmehr ein Zeichen für eine ungewöhnlich ausgeprägte Fähigkeit zur Häme.

EINE FRAU UND DREI MÄNNER

In der letzten Nacht hatte ich nicht gut geschlafen. Im Gegenteil, ich hatte Alpträume gehabt, mich herumgewälzt, von aufwendigen Frisuren geträumt. Dabei empfand ich für Haarfrisuren eigentlich nur Verachtung und hatte daher selbst nie eine besessen. Alle paar Wochen ging ich zu einem steinalten palästinensischen Friseur um die Ecke, der mir die Haare irgendwie kürzer schnitt und mir dabei palästinensische und libanesische Innenpolitik erklärte. Letzteres konnte er gut.

So mancher DDR-Lichtdesigner verstand es, Westdeutsche durch geschickte Beleuchtung als Faschisten mit Hitler-Bart darzustellen.

Vielleicht waren die Träume auch darauf zurückzuführen, dass meine Pension direkt an einer gepflasterten Durchgangsstraße mit erhöhtem Schwerlastverkehrsaufkommen lag. Die Unterkunft im Garten einer grauen Zonenvilla war komplett aus Asbestplatten zusammenkomponiert worden, das hatte ich beim Frühstück auf dem Sofa der Eigentümerin im Haupthaus erfahren. Beweisen konnte ich natürlich nicht, dass mein trauriger Zustand an diesem Morgen auf die Unterkunft zurückzuführen war. Trotzdem hatte ich auf der durchgesessenen Frühstückscouch den Entschluss gefasst, mir ein Zelt zu kaufen.

Eine Stunde später schlenderte ich an ein paar DDR-Plattenbauten mit leeren Fensterhöhlen vorbei zu einer dieser nagelneuen Ost-Shoppingmalls: Links ein BMW-Autohaus mit einem sehr optimistisch dimensionierten Verkaufsraum ohne Kunden, rechts ein großer Discounter, brechend voll mit Sonderangeboten. Ich fand ein Restposten-Regal mit Zelten. Vier Modelle ruhten wie schlüpfbereite Schmetterlinge in ihren polyestergewirkten Kokons. Kleine Zettelchen mit quietschbunten Abbildungen versprachen ausgewachsene Profizelte. Ich entschied mich für ein 50 Euro teures Mittelklassemodell.

Ich stand am Zaun einer Datsche. Die vielbefahrene Durchgangsstraße legte sich hier in eine schwungvolle Nachwendelinkskurve, so dass ich mich ganz unvermittelt der kleinen, vor dem Betonbungalow sitzenden Gesellschaft gegenübersah. Vor der bröckelnden 50er-Jahre-Architekur stand ein Holztisch, und daran saßen ein sehr dürrer, älterer Mann und eine aufgekratzte reife Dame – so als hätte sie Edward Hopper für ein bedeutungsschwangeres Gemälde über den beklagenswerten Zerfall der westlichen Zivilisation im Allgemeinen und der Deutschlands im Besonderen dort hingesetzt.

»Guten Tag. Ich suche einen Zeltplatz für eine Nacht«, sagte ich.

»Und Sie möchten darin nur eine Nacht verbringen? Eine erlebnisreiche Nacht?«

Die Dame kicherte.

»Das kommt darauf an, was der Zeltplatz zu bieten hat«, konterte ich.

»Wollten Sie etwa bei mir auf dem Grundstück übernachten?«, rief sie gegen den Lärm der vorbeifahrenden Autos an.

»Wenn Sie mir das so anbieten, gern!«

»Wenn Sie es überleben, hehehe. Ich wasch mich morgen Früh nackt.« Beide Rentner brachen in schauriges Gelächter aus.

Inzwischen war die Dame aufgestanden und an den Zaun gekommen. Sie war wohl Mitte siebzig, und ich war mir nicht ganz sicher, ob sie ein wenig verrückt war oder nur ein wenig verrückt spielte. Ich solle mir einen Platz aussuchen, flötete der graue Panther und öffnete mir das Gartentor. Wir liefen vom Haus weg auf das riesige, unübersichtliche grüne Grundstück.

»Wo ist es denn am ruhigsten, morgens?«, fragte ich und pflückte mir dabei zwei Kirschen von einem Baum.

»Nirgends ist es ruhig!«, erwiderte meine Gastgeberin mit einem eindeutig zweideutigen Augenzwinkern.

Wir standen jetzt vor einer verwilderten Baugrube. Dahinter erhoben sich zwei alte Stahlcontainer, die man miteinander verbunden und offenbar als Wohnraum nutzbar gemacht hatte. Sie waren grün bemoost und verschwanden schon unter wild wucherndem Brombeergestrüpp. Dort verbrachte die alte Dame ihre Nächte.

»Und wer wohnt da?«, bohrte ich weiter und zeigte dahin, wo ich hinter dem Wildwuchs die Datsche vermutete.

»Na, meine zwei Männer«, gab sie triumphierend zurück.

»Sie haben zwei Männer, die Sie aber außerhalb Ihres Hauses halten?«, fragte ich beeindruckt.

»Ja. Einen zum Kochen und Abwaschen.«

»Und einen zum Unkrautjäten?«

»Ja, so ungefähr.«

»Wie kriegt man das hin – zwei Männer, die kochen und abwaschen. Haben Sie die finanziell in der Hand?«, fragte ich.

»Nö, na, so, wie es der Zufall will. Wie Sie jetzt hier zelten wollen.«

»Sie glauben aber nicht«, sagte ich, »dass Sie morgen drei haben, oder? Das wird nichts.«

»Kann man's wissen?«, flötete die Femme fatale.

Plaudernd bewegten wir uns auf den Bungalow zu und traten ein. Die Küche sah ein wenig verkommen aus, schmutzig-verkrustetes Geschirr türmte sich in einer Spüle und stapelte sich auf einem Schrank. Der Dürre saß auf einer durchgesessenen Couch und rauchte. Der andere Mann, der Peter gerufen wurde, packte fahrig einen schmuddeligen Leinenbeutel. Ich setzte mich neben den Dürren und fragte nach einem Kaffee.

»So, das sind also Ihre Männer«, sagte ich und schaute den Mageren an.

»So wat Ähnliches«, erwiderte der.

»Ich habe gehört, einer kocht, während der andere sich um den Garten kümmert?«

»Richtig.« Sehr gesprächig schienen die Herren nicht zu sein.

»Das ist ja eine lustige Alten-WG hier«, sagte ich.

Das sei alles relativ. Alter sei immer relativ, philosophierte der Dürre.

Wir seien doch alle irgendwie alt, fügte Peter hinzu, ohne den Blick von seinem Leinenbeutel zu nehmen.

Der Dürre stellte mir einen mit geringer Fachkenntnis abgewaschenen Pott hin, der zur Hälfte mit Kaffee gefüllt war. Höflichkeitshalber nippte ich an der versifften Tasse, die nicht einmal den Hygienevorschriften der tschetschenischen Gastronomie entsprochen hätte.

»Was für ein Verhältnis haben Sie genau hier, Sie drei?«

»Ähm, ganz einfach«, sagte der Dürre, »wir helfen ihr. Jetzt schon fünf Jahre.«

»Fünf Jahre ohne Wasser im Bungalow?«, fragte ich und zeigte auf zwei mit Wasser gefüllte Plastikwannen vor der Spüle, aus denen ich messerscharf auf den fehlenden Wasseranschluss geschlossen hatte.

»Die Pumpe ist halt kaputt«, krächzte Peter von hinten.

»Haben Sie schon mal daran gedacht, die Pumpe zu reparieren?«

»Gedacht schon, gedacht ja«, erwiderte der Dürre.

Das könne man vergessen, ergänzte Peter, die habe, wie es so schön auf Berlinerisch heißt, die Hufe hochgerissen. Beide lachten ausgelassen.

»So, ich werde losreiten«, verkündete Peter gut gelaunt, »die Hühner sind gesattelt.«

Der Dürre erklärte mir die Ménage à trois: Alle drei würden sich gut ergänzen. Peter sei für den Haushalt zuständig, nur an jenem Morgen habe er keine Lust gehabt. Die Dame und er kümmerten sich dafür um das Grundstück. Wir gingen nach draußen. Der Dürre setzte sich vor den Bungalow, eine Plastikschüssel zwischen den Füßen, und begann schweigend Äpfel zu schälen. Er räusperte sich. »Früher habe ich auch dahinten gewohnt, Oberschöneweide.« Er deutete mit dem Apfelmesser in die Richtung, in die Peter verschwunden war.

»Oberschöneweide? ›Haus der 100 Biere‹?«, fragte ich.

Ich erinnerte mich gut an diese heruntergekommene Kneipe an einer Straßenecke in »Oberschweineöde«, wie der Ostberliner Arbeiterbezirk in den frühen 90er Jahren genannt wurde. Der Statistiker Krähe und ich waren dorthin gefahren, nachdem wir eine Reportage von Alexander Osang in der *Berliner Zeitung* gelesen hatten. Vor der Wende, als Arbeitslosigkeit im Bezirk noch ein Fremdwort war, und sie nicht wie heute bei offiziellen 80 Prozent lag, verkehrten dort die Arbeiter der umliegenden Berliner Akkumulatoren- und Batterien-Werke. Männer, die ihre Zähne und Fingernägel, ihre Gesundheit der beruflichen Tätigkeit geopfert hatten, dem Umgang mit Blei. Neben ein paar Blechorden und ein paar hundert Ostmark Aufschlag war ihr einziges Privileg, dass sie an den stets dicht belagerten Theken vor allen anderen bedient wurden.

Herr Krähe und ich hatten schon viel gesehen, tschechische Wirtshäuser am Rande von Prag, in denen Bauarbeiter vor Arbeitsbeginn morgens um 6 Uhr ein paar

Frühstücksbiere nahmen; garagenartige Kneipen in Havanna, in denen immer exakt zwölf Mann standen, weil es nur zwölf Gläser gab und man mit der Bestellung warten musste, bis jemand endgültig ausgetrunken hatte; Wohnwagen-Kneipen in Taschkent, in denen es gar keine Gläser gab und man zu russischem Bier Wodka aus Joghurt-Bechern trank; Clubs in Moskau, in denen es anfangs Gläser gab und nach einer Prügelei von Afghanistan-Veteranen nicht mehr; Gasthäuser in Sofia, in denen sich Betrunkene darüber entrüsteten, dass Bulgarien keine Zukunft habe, weil alle viel zu viel tränken; heruntergekommene Spelunken von Beirut bis Belfast. Aber die Trostlosigkeit in den Gesichtern der vereinzelt an Tischen sitzenden Gäste im »Haus der 100 Biere« war nicht lange auszuhalten. Wir schauten uns um, tranken schweigend ein paar Getränke, gingen wieder. Und lachten uns erst in der S-Bahn die Beklemmung weg, als wir uns die Handzettel in Erinnerung riefen, die sinnlos auf den Biertischen gelegen hatten: »Was wissen Sie über Photovoltaik?«

»Haus der 100 Biere?« Der alte Mann schaute auf. Ja, da habe er gewohnt. Aber jetzt wolle er nicht mehr zurück, weil es hier selbst mit Verkehrslärm, er deutete mit dem Apfelmesser auf die Bundesstraße, besser sei.

Wir schwiegen eine Zeitlang.

Früher hatte der Dürre als Elektriker gearbeitet. Aber nach der Wende waren die Firmen in Insolvenz gegangen. Dann habe er nur noch so komische Zettel bekommen. Davon habe er drei Stück. Von drei Firmen. Dreimal Insolvenz. Auf den Zetteln habe draufgestanden, wie viel Lohn der Dürre noch bekam. Geld habe er aber keins mehr erhal-

Eine der zahllosen Schweine-LPGs: Hier wurde das berühmte »Steak Kuba« produziert, die sozialistische Variante des imperialistischen »Steak Hawai«.

ten. Dann sei er vor Gericht gezogen und habe recht bekommen. Aber was nützte ihm das? Die Firmen seien ganz bewusst in die Insolvenz geführt worden.

Die Dame des Hauses trat mit einem Teller belegter Brote und einer Thermoskanne Kaffee auf die Terrasse. Sie hielt dem Dürren einen Kochtopf hin, dessen Deckel sich im Innern des Topfes verkeilt hatte.

»Das hat Biggi reingemacht, guck mal, kriegst du das raus?« Er warf einen kurzen Blick auf das Desaster und sagte: »Nö.«

Ich holte mir ein Küchenmesser von drinnen, nahm einen Apfel vom Tisch und begann zu schälen.

DIE HIMMELSPAGODE

Es dämmerte, und ich marschierte weiter, es wurde dunkel, und ich durchquerte ein kleines Waldstück. Ich ging immer weiter und weiter und weiter, so lange, bis ich vor Pekings berühmter Himmelspagode stand. Der Himmelstempel wurde im 18. Regierungsjahr des Ming-Kaisers Yongle erbaut und ist das Wahrzeichen der chinesischen Hauptstadt.

In der Himmelspagode gab es Frühlingsrollen, Wan-Tan-Suppe und Qualle mit Gurken, und davor lag ein gewaltiger Großparkplatz. Ich konnte also gar nicht in Peking sein, sondern nur in Hohen-Neuendorf, nordwestlich von Berlin. Der Architekt hatte offensichtlich chinesische Bevölkerungszuwachszahlen im Blick, als er diesen Fantasy-Bau für das Berliner Hinterland entwarf.

Ich hatte Hunger. Der Vollmond ging direkt hinter der mit Goldfarbe angepinselten Restaurantkuppel auf. Gerade jetzt, da der Parkplatz im Dämmerlicht versunken war und die grelle Bemalung dieses Sättigungstempels durch das silberne Mondlicht gemildert wurde, machte das Ganze einen großartigen Eindruck. Ich verharrte einige Augenblicke in ehrfürchtiger Bewunderung vor den Möglichkeiten moderner Betonarchitektur. Dann knurrte mein Magen so laut, dass ich die Böschung zum Großparkplatz hinabschritt und anschließend zielstrebig eine der vier monumentalen, von meterhohen Marmorlöwen flankierten Treppenaufgänge hinaufging.

Hier kann man sehr gut Qualle essen.

Chinesische Muzak aus Außenlautsprechern umfing mich, und ein von LED-Lämpchen illuminiertes Geländer, das mit Löwenköpfen aus Kunststoff verziert war, führte mich durch eine Glastüre in die große Restauranthalle. Der große Speisesaal war so gut wie leer. Genauer gesagt huschte lediglich jede Menge in Polyesterseidenersatzgewänder gehülltes chinesisches Personal zwischen den gigantischen Säulen des Gastraumes umher. Über eine kleine Holzbrücke, unter der Goldfische schwammen, gelangte ich zu meinem Platz am Fenster. Die Speisekarte, eine in Plastik eingeschweißte Pappe, sah aus wie alle Chinarestaurantkarten: Auf der linken Seite standen die vertrauten Zahlenbuchstabenkombinationen von M 1 bis M 2192, rechts die unfassbar günstigen Preise.

Während ich darüber nachdachte, wie es möglich war, für 4,60 Euro ein Huhn umzubringen, kleinzuhacken, zu braten, anzurichten, durch eine fußballplatzgroße Halle zu tragen, dabei freundlich zu lächeln, den Teller wieder abzuräumen, zu waschen und 4,60 Euro zu kassieren, stand schon eine freundlich lächelnde Chinesin neben meinem Tisch. Ich bestellte M 12, weil ich in Chinarestaurants immer M 12 bestelle, und schaute mich um.

Eine dicke Familie zwei Tische weiter hatte sich für das superpreisgünstige Menü des Tages entschieden. Alle fünf waren intensiv damit beschäftigt, ihre gewaltigen Leiber vollzustopfen, und das gegen die einheimischen Esser winzig wirkende chinesische Personal trug immer neue Ms und Ls heran. Mich überkam ein Gefühl von grenzenlosem Einverstandensein mit der Welt. Die Mischung aus billigem Deko-Plunder, Muzak, fairer Preisgestaltung und professioneller Höflichkeit hat immer wieder eine sedierende Wirkung auf mich. Ich schaute wohlwollend auf die fressenden Ossis und nickte freundlich hinüber, als sich unsere Blicke einmal kreuzten. Nichts bringt die Menschen näher zusammen als die gemeinsame Nahrungsaufnahme.

Und das Glück, das diese von der DDR-Ernährung deformierten Körper beim Essen der kosmopolitischen Zahlenküche empfanden, steckte an. Hier sollte man für immer bleiben; eine Kammer unter dem vom Silbermond beschienenen Pagodendach beziehen und diese perfekte Welt aus Essen, Architektur und Musik nie wieder verlassen.

AN DER TANKSTELLE

Am konsequentesten haben die Mineralölkonzerne das Licht der kapitalistischen Zivilisation in den dunklen Osten getragen. Schon seit einer gefühlten Ewigkeit lief ich auf die scheinbar Lichtjahre entfernt in der Dunkelheit schwebende Galaxie der Hohen-Neuendorfer Shell-Tankstelle zu. Wie gewaltige Supernovas ruhen nachts die Tankstellenanlagen in den gigantischen Leerräumen der Berliner Randgebiete. Für die Jugendlichen der näheren Umgebung sind diese Mineralölzapfanlagen mit angeschlossenen Supermärkten die einzige Abwechslung. Wo es Licht, Bier und Benzin gibt, da treffen sich die Menschen gern zu einem Plausch. Ich wollte mir einen kleinen Imbiss kaufen und dann ein Quartier für die Nacht suchen. An einigen lärmenden Jugendlichen vorbei schritt ich in die Lichtinsel, sog den herrlichen Geruch von Super bleifrei ein und betrat den Kassenraum. Ich erwarb eine Bockwurst und eine Dose Bier, dann schlenderte ich damit auf den Waschplatz der Tankstelle, wo junge Männer in verschiedenen Grüppchen ein paar Wagen der unteren Mittelklasse umlagerten.

»Wessen Auto ist denn das hier?« Ich war auf der Suche nach einer Unterlage für meine Bockwurst.

»Der Rote?« Ein junger Mann im Overall mit einer Baseballkappe setzte überrascht seine Cola-Dose ab. Er stand lässig an einem so aufwendig getunten Auto, dass ich den Hersteller beim besten Willen nicht zu erraten vermochte.

»Ja. Ist das dein Wagen?«, fragte ich nicht ohne Respekt.

»Mit dir wollen wir nichts zu tun haben.« Der Zuruf kam von einem etwas weiter entfernt stehenden Grüppchen, das im orangefarbenen Tankstellenlicht durchaus bedrohlich aussah.

»Darf ich meine Wurst da mal kurz abstellen?«, fragte ich und zeigte auf die mit Lufteinlässen verzierte Motorhaube des Boliden.

»Wo?«, fragte der Junge ungläubig.

»Auf der Motorhaube.«

»Also, ich würde das nicht tun«, sagte der Junge mit aggressivem Unterton.

»Ich muss hier aber drei Senftüten aufreißen.«

»Da steckt ein Haufen Arbeit drinne«, sagte der Junge warnend.

»Ich würde das Auto ja nicht beschädigen«, beschwichtigte ich. »Oder kannst du das kurz halten?« Anstandslos nahm er die Bockwurst entgegen. Ich riss eine der Senftüten auf und erfuhr, dass es sich bei der Veranstaltung um normales abendliches Abhängen handele. Dann entleerte ich den Senf auf die Pappe in der Hand des jungen Mannes.

»Trinkt ihr wirklich alle nur Cola?«, fragte ich und nahm einen Schluck aus meiner Bierdose.

Der Junge, der immer noch meine Bockwurst hielt und sich in dieser Situation sichtlich unwohl zu fühlen begann, bejahte.

»Das glaube ich nicht«, sagte ich und quetschte eine zweite Senftüte auf die Pappe in der Hand meines Assistenten. Die anderen Jugendlichen beobachteten uns. Es war still, nur ein nervöses Lachen durchbrach hin und wieder die angespannte Atmosphäre.

»Im Gegensatz zu euch bin ich nett, verstehste? Ihr Gangster!«, rief der Wursthalter seinen Kumpels zu.

»Hey, im Gegensatz zu dir sind wir nicht schwul!«, riefen die zurück und lachten.

Ich nahm ihm die Wurst aus der Hand und erkundigte mich nach dem Verlauf der Zonengrenze. Dort, wo wir standen, war bereits Brandenburg, die Grenze verlief ein Stück hinter uns an einer bewaldeten Böschung. Ich biss in meine Bockwurst. Sie knackte hörbar.

Der Junge nahm einen Schluck von seiner Cola, er war 1978 geboren und hatte die Grenze noch selbst miterlebt. Frohnau war das Erste, was er vom Westen gesehen hatte. Für ihn war der Westen genau wie der Osten. Klar, es gäbe buntere Häuser oder größere Autos, aber besser war es seiner Meinung nach nicht. Er wechselte das Standbein und sah mich feindselig an.

»Hm. Und was hast du noch für Erinnerungen an die DDR?«, fragte ich.

»An die DDR? Nur Schönes. Was soll ich dazu sagen? Mir ist das nicht peinlich, im Osten gelebt zu haben. Überhaupt kein Stück«, blaffte er. »Auf jeden Fall gab es nicht so viel Kriminalität im Osten, so wie jetzt hier im gesamten Deutschland. Ich kann das ja nun vergleichen, da ich ja den Osten ein bisschen kenne.« Er sah mich erwartungsvoll an.

»Gibt es viele, die die neuen Verhältnisse besser finden und kein gutes Haar mehr an der DDR lassen?«, fragte ich.

»Nein, also nicht in unserer Familie. Uns ist das allen nicht peinlich«, erwiderte er stolz.

Ich hatte meine Bockwurst aufgegessen und spülte mit einem ordentlichen Schluck Bier nach.

»Wir sind ja, weil wir aus dem Osten kommen, nicht gleich Neandertaler!«

»Das hat auch niemand behauptet, oder?«

»Es gibt welche, die behaupten das.«

»Hier?«

»Ja, hier welche, die von drüben kommen. Man hat ja nun viel Menschenkontakt, und da hat man auch negative Eindrücke gewonnen.« Er begann seine Coladose zu zerquetschen und fixierte mich. »Also, ich merke, wenn ich einen Wessi vor mir habe und wenn ich einen Ossi vor mir habe.« Er richtete sich auf.

»Woran merkt man das?«, fragte ich, ehrlich neugierig.

»An die überhebliche Hochnäsigkeit, größtenteils.«

»Hältst du mich für einen Ossi oder einen Wessi?«

Er musterte mich und dachte einen Moment lang nach. »Wessi?!«

»Das heißt, ich bin überheblich und hochnäsig?«, fragte ich belustigt.

»Nein, aber alleine schon von der Ausdrucksweise her.«

»Na ja, ich berlinere halt nicht.«

»Aber ich merke das«, beharrte der junge Mann. »Ich meine, ein Ossi wäre niemals zu mir hingekommen und hätte mir gefragt, ob ich seine Bockwurst halten kann!« Er lachte glucksend und schlenderte zu seinen Kumpels rüber. Ich folgte ihm zu einer Gruppe junger Männer, hinter der sich zwei Mädchen kichernd eingehakt versteckten.

Immerhin hatte der Westen bessere Autos gebaut als der Osten, darin war die Gruppe sich einig. »Aber«, mischte sich ein dünner Junge im T-Shirt ein, »im Osten, unsere Leute, die uns regiert haben, die haben auch zugesehen, dass es uns gut geht. Obwohl es nicht viel gab. Und heutzutage denkt der Staat erst mal an sich, und dann kommen erst die Leute dran, die dem Staat eigentlich das Geld einbringen. Wozu gibt es denn jetzt Hartz IV? So was gab es im Osten nicht, Arbeitslose gab es im Osten ganz wenige.«

»Im Osten gab es überall Arbeit«, mischte sich ein dritter mit einer Dose Bier in der Hand ein.

»Alles, alles war besser«, rief jemand im Brustton der Überzeugung. »Also, wir hatten damals viel Reichtum, das hat sich dann nach der Wende erübrigt. Man hatte gute Kontakte, man hatte viel Geld.«

Ein hochaufgeschossener Blonder von hinten widersprach heftig und schwenkte seine Bierdose. »Unsere Autos waren hässlich!«

»Die Schulbildung war zum Kotzen«, rief ein Corsa-Fahrer dazwischen. »Na, ich fühl mich heute wohler. Wenn noch die DDR wäre, würden wahrscheinlich alle mit einem Trabbi hier stehen.« Alle lachten.

»Wenn wir DDR hätten, würde ich jetzt nicht Brötchen essen, sondern Schrippe und kein Beck's trinken, sondern ein schönes Rostocker!«, grölte ein kleiner Dicker, der auf einem Poller saß.

»Das haut doch genau so rein«, antwortete der Blonde und nahm einen Schluck aus seiner Bierdose.

»Nachteil war«, rief der kleine Dicke, »wenn man hier gestanden hätte, hätten sie uns erschossen.«

»Wieso?«, fragte ich.

»Weil hier die Grenze war«, antwortete der Dicke.

DER INVALIDE

Der breite Kettenabdruck des T-34 vor meinen Füßen stand unter Denkmalschutz. Er stammte von einem der ersten Kampfpanzer der roten Armee, die in den letzten Kriegstagen 1945 von Nordosten her über die Berliner Stadtgrenze gerollt waren.

Unmittelbar dahinter begann die sogenannte Invalidensiedlung, gebaut 1938 unter der Leitung des nationalsozialistischen Heeresbauamtes. In den rund 50 finsteren Backsteinhäusern sollten im Weltkrieg versehrte Offiziere Unterbringung und Pflege finden, und dank Hitler hatte es auch in den Folgejahren immer genug Nachmieter gegeben. Während ich durch die verlassenen Straßen der hufeisenförmigen Anlage lief, las ich Jahreszahlen und Inschriften, die über den Hauseingängen eingemeißelt waren und auf vergangene preußische Siege verwiesen. Vor dem Eingang eines Hauses, das das steinerne Relief eines Tambourmajors und den Schriftzug »Freiberg 1762« zur Schau stellte, stand ein Mann und sah mich an. Er trug weißes Haar und dazu ein mindestens 80 Jahre altes Gesicht. Es hätte mich nicht gewundert, wenn er eine Marschtrommel aus dem nahe stehenden Gebüsch gezogen und sich mir als einziger Überlebender des letzten großen Gefechts im Siebenjährigen Krieg, auf das die Inschrift verwies, vorgestellt hätte.

»Guten Tag, können Sie mir etwas über diese Siedlung sagen?«

Die Spur des T-34-Panzers der roten Armee führt in die Invalidensiedlung hinein und nicht wieder hinaus.

Er ächzte und keuchte, als er sich umdrehte und mir mit einer Handbewegung zu verstehen gab, ich möge ihm in seine Wohnung folgen. Durch einen dunklen Flur, der noch Luft aus den Tagen preußischer Siege zu enthalten schien, gelangten wir in ein staubiges kleines Arbeitszimmer, dessen Fassungsvermögen offenbar durch Hinzufügen einer vierten Dimension vervielfacht worden war.

»Ist das hier der Befehlsleitstand für eine U-Boot-Flotte?«, fragte ich und blickte mich in dem mit wurmstichigen Holzkommoden und antiquarischen Wandregalen möblierten Raum um. Bücher, Videokassetten, Monitore, Tonbandmaschinen und andere technische Geräte waren in gewagten Konstruktionen aufeinandergeschichtet worden und reichten bis an die Zimmerdecke. Dabei sah ich mit Sicherheit kein Gerät, das nach 1990 produziert worden

Balkonschmuck eines Invaliden.

war. Mit rasselndem Atem zerrte der Greis an einem Stuhl herum, der sich unter seinem chaotisch überfüllten Schreibtisch verhakt hatte. Als er den Stuhl frei bekam, schob er ihn in meine Richtung. Mein Gastgeber nannte sich selbst einen engagierten Hobby-Filmer, aus der Schublade einer Kommode kramte er ein Bündel vergilbter Zeitungsausschnitte hervor.

»Da ist der Artikel über die Siedlung«, murmelte er, »die Siedlung ist 1938 gebaut worden, zu Adolfs Zeiten. Die Nazis haben gesagt, gut, wir bauen hier draußen eine Siedlung nur für Kriegsbehinderte.«

Heute wohnten dort Familien, Leute mit Behinderungen, aber immer noch ein paar Kriegsversehrte. Der alte Herr schnappte nach Luft. Die Zeiten hatten sich geändert, im Vorjahr hätte es sogar schon ein paar Einbrüche in der Siedlung gegeben. Nach dem zweiten Einbruch hätten sich die Bewohner zusammengeschlossen und beim Patrouillelaufen auch einige Leute gestellt. Einen auffällig unscheinbaren Mann zum Beispiel, der sich die Häuser angeguckt hatte. Als der Verdächtige das Ende der Siedlung erreicht hatte, war der Alte an ihn herangetreten: »Sie interessieren sich hier so sehr für die Siedlung, darf man Sie fragen, warum? Und können Sie sich ausweisen?« Da habe der gesagt: »Nein, wie komme ich dazu?« Aber sie seien so clever gewesen, seine Autonummer zu registrieren und sie der Polizei zu melden. Seitdem wäre nie wieder etwas passiert, und in der Siedlung herrsche wieder Ruhe. Der offenbar nur über ungenügendes Lungenvolumen verfügende Ruheständler rang nach Luft und schob mir einen Zeitungsartikel über den Tisch.

»Gebt uns die Mauer wieder!« stand in großen, fettgedruckten Lettern über einer Seite, die handschriftlich auf das Jahr »1990« datiert war. »Ihr Scheiß-Wessis«, las ich die Unterzeile laut vor, »verpisst euch! – Gibt es da Ärger mit den Leuten aus der DDR?«

»Da hat es Ärger gegeben«, ächzte der Invalide, »weil man nach der Wende einen Zaun gezogen hat.« Er lehnte sich zurück und schaute mich vielsagend an. »Da, wo die Mauer gestanden hat!«

Vor dem Bau des Zauns hätten Leute aus dem Osten in der Siedlung Müll abgeschmissen, berichtete der Alte. Mir fiel ein, dass es eine ganze Reihe von Fernsehformaten gab, die sich auf derart weitreichende Konflikte spezialisiert hatten. Er schob mir einen weiteren Zeitungsartikel zu. Ich überflog den Text, in dem der verbissene Kampf der Invalidensiedler für Recht und Ordnung und gegen die Wegelagerer aus der östlichen Nachbarschaft nachgezeichnet wurde.

»Direkt hier hinter dem letzten Gartenweg«, der Invalide drehte sich ächzend und zeigte aus dem Fenster, »da ist die Mauer gewesen, mit dem Todesstreifen.« Er machte eine Pause. »Und dann ist die Mauer entfernt worden.« In seiner Stimme schwang leichter Ekel mit.

»Was filmen Sie denn eigentlich?«, fragte ich und deutete auf einen Stapel verstaubter Videokassetten interessanter Größen und Formate.

»Spielfilme, Minutencut-Filme, experimentelle Filme, Sportfilme. Hier, zum Beispiel Kung-Fu!« Triumphierend hielt er eine Kassette in die Höhe.

»Spielen Sie auch mit in den Filmen?«, fragte ich und griff nach einer Kassette, auf deren Umschlag der Invalide selbst zu sehen war, mit einem Revolver in der Hand.

»Ja, auch«, röchelte er, während er an einer Kommodenschublade herumzerrte, die sich offensichtlich nicht öffnen lassen wollte.

»Hier«, rief er und schwenkte eine Videokassette in der Luft, die er unter übermenschlichen Anstrengungen der Kommode entrissen hatte, »das ist zum Beispiel ein Film von mir, über mein Leben.«

»Rückblick in die Vergangenheit«, las ich.

»Ich war von 1947 bis 1954 in der Legion«, keuchte er.

»In der Fremdenlegion?«

»Ja«, antwortete er und sackte erschöpft in seinem Stuhl zusammen. Den ganzen Indochina-Trouble habe er mitgemacht. Und dann 900 Fotos und Video-Aufnahmen zu einem Film über sein Leben in der Legion zusammengeschnitten. Als der Krieg damals zu Ende war, sei die Jugend sehr enttäuscht gewesen von Adolf Hitler. Er habe 1945 nicht gewusst, was er tun sollte, er war erst 16 Jahre alt, deshalb hätten ihn die Werber zwei Jahre älter gemacht.

»Also wollten Sie gleich weiterkämpfen nach 1945?«, fragte ich ungläubig.

»Ja, der Krieg war aus und die Enttäuschung sehr groß gewesen. Es gab ja nichts mehr zu tun für Führer, Volk und Vaterland.«

Es hatte sich einfach so ergeben, dass er als Fremdarbeiter nach Frankreich ging nach dem Krieg. Dort in Château Vincennes hätten große Plakate an der Wand gehangen, »Légion Etrangère«, und schon sei es passiert, sie hätten sich angemeldet.

»Wenn wir erst mal über den großen Teich sind, hatten wir uns vorgestellt, dann gehen wir stiften und schlagen uns nach Südafrika durch. Das waren damals so die Phantasievorstellungen.« Er machte eine Pause und fügte an: »Acht Jahre war ich bei der Fremdenlegion. Bis zum bitteren Ende.«

Aus heutiger Sicht empfand er es als Verbrechen, was in Indochina vorgefallen war.

»Und was haben wir in Afghanistan zu suchen? Was haben wir im Irak zu suchen? Was haben wir im Tschad zu suchen? Was haben wir in Dschibuti zu suchen?« Er machte eine Pause und sagte dann: »Nichts.«

»Haben Sie Menschen erschossen?«

»Das ist eine Frage. Soll ich jetzt sagen: Nein? Dann lüge ich. Ich habe in die Menge geschossen, so …« Er riss die Arme hoch, als würde er mit einer imaginären Maschinenpistole herumfeuern und ließ die Hände schließlich erschöpft wieder sinken.

»Das beschäftigt mich das ganze Leben. Man wird schwer damit fertig. Wenn man in einer Gemeinschaft ist, und die Gemeinschaft wird auseinandergerissen mit Kriegshandlungen, wenn man dann sieht, links und rechts die Kumpel, mit abgeschlagenem Kopf, das Geschlechtsteil abgeschnitten, in den Mund gesteckt, dann wird einem schon ein bisschen anders ums Herz. Dann kriegt man schon eine ganz andere Einstellung zur Verteidigung, zur Gemeinschaft.«

Aber nicht nur die Gedanken, sondern auch der rasselnde Atem des alten Mannes waren Folgeschäden aus der Zeit bei der Fremdenlegion. Er zeigte mir ein Foto von sich, auf dem der Führer eine Gruppe Hitlerjungen begrüßte, 1938 beim Jungvolk.

»Würden Sie heute noch einmal so handeln?«

»Nein, um keinen Preis. Um keinen Preis. Ich würde nicht mehr in die Legion gehen. Ich würde keinem empfehlen, in die Legion zu gehen, denn das, was ich erlebt habe, ist bitter.«

Der Invalide bestand darauf, dass ich seine bitteren Erfahrungen mit ihm teilte. Er bat mich in sein Wohnzimmer, stellte eine Tasse mit bitterschwarzem Kaffee vor mich, schaltete das Fernsehgerät ein und schob, wie ich mit Entsetzen registrierte, eine 360-Minuten-Videokassette in seinen aufjaulenden Recorder.

Ich protestierte – innerlich. Mein Gehirn arbeitete fieberhaft an hieb- und stichfesten Ausreden, die das Blatt in letzter Sekunde wenden könnten: Das sei ja unglaublich interessant, aber ich müsse jetzt dringend weiter, Termine, Sie müssen verstehen … Vergeblich. Ich war Geisel eines Indochinakämpfers. Es gab kein Entrinnen. Der Mann wusste genau, wie man foltert. Er drückte wie wild auf seinen Fernbedienungen herum. Es klackte, es knatterte, der Bildschirm blitzte auf. Ich hoffte inständig, die altersschwache Technik würde in sich zusammenbrechen. Es war sehr warm im Wohnzimmer. Kalter Schweiß trat auf meine Stirn. Unscharfe Bilder flimmerten über die Mattscheibe, Wehrmachtsmusik, Hitlerjungen, der Führer, dann er, der Invalide in seinem Arbeitsraum. Er hatte sich selbst aufgenommen, sprach noch rasselnder, noch langsamer zum Zuschauer. Zu mir, seinem einzigen Zuschauer.

Hinter dem Fernsehgerät blitzte das flirrende Licht eines herrlich leichten Sommertages durch die zugezogenen, staubigen Vorhänge. Ich schaute hilfesuchend zu seiner Frau, die die Wohnzimmertür blockierte. Sie nickte mir aufmunternd zu und goss mir noch eine Tasse schwärzesten Kaffee nach. Mir wurde schwindelig. Ich kapitulierte. Das Licht hinter dem Vorhang wurde langsam matter und verlosch. Der Film des Invaliden dauerte 190 Minuten.

DIE ASYLANTEN

Hennigsdorf im Nordwesten Berlins hatte ich hinter mir gelassen. Nach einem strammen Marsch auf dem unbefestigten Randstreifen einer Landstraße kam ich zu einer besonders sorgsam eingezäunten Siedlung. Langgezogene graubraune Gebäude mit zwei Stockwerken verwiesen auf eine ehemalige NVA-Kaserne.

Ich war auf Höhe des Eingangstores, als ein Wachmann in blauem Hemd und grauer Hose aus seinem Häuschen trat und mich passierte. Ich sprach ihn an.

»Guten Tag, sagen Sie, ist das eine Kaserne?«

»Nee, das kann ich Ihnen auch nicht sagen, was das ist!« Abwehrend ging der Mann in seiner mausgrauen Sicherheitsdienstvollnylonhose an mir vorbei zu einem kleinen roten Opel Corsa, der einige Meter weiter geparkt war.

»Das können Sie mir nicht sagen?«, fragte ich irritiert. »Aber Sie arbeiten doch hier!«

Der Schließer ging schweigend um das Auto herum.

»Hat man Ihnen nicht gesagt, was das ist?«, insistierte ich. Demonstrativ sah er an mir vorbei und öffnete den Kofferraum umständlicher als nötig.

»Für was halten Sie es denn?«

In der Gestaltung phantasievoller Absperrungen
und Zäune fand die DDR zu sich selbst.

Er schloss den Wagen ab und ging kommentarlos an mir vorbei.

»Was denken Sie denn persönlich, was es ist?!«

Eisiges Schweigen.

Eine ältliche kleine Asiatin mit grüner Jacke und 70er-Jahre-Strickmütze kam auf einem überdimensionierten Hollandrad herangefahren, bremste ab und rollte langsam an mir vorbei zum Eingang.

»Können Sie mir vielleicht sagen, was das ist hier?«

Sie blickte zu mir hoch und nickte. Und schwieg. In Millisekunden überlegte ich, ob sie möglicherweise nur genickt hatte, weil sie zwar in der Lage war, zu sagen, was das hier für eine skurrile Anlage war, meine Frage aber nicht als Aufforderung verstanden hatte, dies auch zu tun. Vielleicht stammte sie auch einfach aus Bulgarien.

Ich hatte mit Herrn Krähe am Bahnhof von Plowdiw gestanden, der alten Hauptstadt Bulgariens, und wir hatten Leute gefragt, ob der abfahrbereit pfeifende Zug nach Sofia rollen würde, wo wir pünktlich den Rückflug erreichen mussten. Alle hatten bedeutsam den Kopf geschüttelt, und wenn Herrn Krähe nicht in letzter Sekunde eingefallen wäre, dass diese Geste in Bulgarien eine astreine Bejahung bedeutet, hätten wir heute vermutlich einen gutgehenden Import/Export-Laden am Plowdiwer Marktplatz.

»Was ist es denn?«, fragte ich die Asiatin nach Ablauf einer weiteren Millisekunde. Sie nickte wieder und schob ihr Rad durch das Tor, das der Wach- und Schließbeauftragte bereitwillig öffnete. Hinter ihr warf er die Tür mit solcher Verve ins Schloss, dass das Schild »Securitas gesichert« fast vom Drahtzaun fiel, und drehte den Schlüssel doppelt herum. Der Sicherheitsbeauftragte zeigte keinerlei Regung und verschwand in seinem Glaskasten. Ich trat an die Scheibe, hinter der er saß. In Augenhöhe hing irgendein Informationsschreiben. Ich las die Adresszeile und klärte den Mann auf: »Es ist ein Übergangswohnheim. Für Asylbewerber! Falls Sie mal wieder jemand fragt.«

Wenig später kam ein gutgelaunter junger Ghanaer in einem traditionellen afrikanischen Gewand und nahm mich auf meine Bitte hin mit durchs Tor. Der Schließer öffnete uns, fixierte mich böse und schwieg. Ich schlenderte zwischen den Blocks hindurch und traf auf einen Araber in einem graublauen bodenlangen Kaftan, der mich auf eine Tasse Tee einlud.

Sein Zimmer lag im ersten Stock am Ende eines schäbigen Flurs. Er öffnete die Tür, und ich trat in ein kleines spärlich eingerichtetes Zimmer. Aus dem Fernsehgerät plärrte levantinische Popmusik. Mein Gastgeber kam aus Palästina und hieß Abbas. Bereits seit 1995 lebte er im Übergangswohnheim.

»Ich frag fünf- oder sechsmal, bitte, ich hab gesagt, ich will Abschiebung, ich will zurück nach meiner Heimat. Darf nicht. Gib mir Wohnung. Nein. Gib mir Aufenthalt. Nein. Was soll machen? Muss bleiben so.«

»Haben Sie einen Anwalt?«

»Ich habe Anwalt, aber das brauchen Geld. Ich krieg jede Monat 40 Euro Taschengeld.«

»Und Sie möchten zurückgehen in Ihre Heimat und können das nicht?«

»Nein. Keine Reisepass.«

»Und wie geht das weiter? Werden Sie für immer hier wohnen?«

»Bis ich sterbe.« Der Mann lachte fröhlich und steckte sich eine Zigarette an. Wir schauten gemeinsam einer ordentlich proportionierten Popsängerin im Fernsehen zu.

Die ganze Familie von Abbas lebte seit 1984 in Kanada. Er jedoch konnte weder zu ihnen noch zurück nach Palästina gehen. Er war 40 Jahre alt und lebte seit Jahren alleine in seinem kleinen Zimmer. Abbas hatte kaum Zeitvertreib. Asylanten, so erfuhr ich, dürfen das Bundesland, auf dessen Grund und Boden das Heim steht, nicht verlassen. Die ehemalige NVA-Kaserne des Asylbewerberheims Henningsdorf stand genau an der Berlin-Brandenburgischen Grenze, gehörte aber zu Brandenburg. Die Bewohner des Heims durften also nicht nach Berlin fahren.

»Das ist wahrscheinlich schwer, hier mit 40 Euro durchzukommen.«

»Ist schlimm. Mit 40 Euro kann ich sitzen in Café und trink Tee. Nur leben diese Tag. Nächster Tag, wenn du sterben, scheißegal.«

»Und was wünschen Sie sich jetzt?«

»Ich warte, ich suche eine Plan zu weg von Deutschland. Die alle Leute hassen Deutschland.«

»Und warum sind Sie hierhergekommen damals?«

»Ich wohne im Libanon, ich bin Palästinenser aus Libanon, und die Zeit mit Arafat und so, mit Krieg und Armee. Große Probleme. Und dann ist Flucht von Libanon.«

Libanon. Ich kannte dieses zerrissene Land. Ende der 90er Jahre hatte ich mich zusammen mit Herrn Krähe und meinem Hausarzt Dr. Lauxtermann auf eine Tour gemacht, eine Reise mit Handgepäck durch geteilte Städte, deren Namen mit »B« beginnt. Nach Berlin und Belfast waren wir auch in Beirut gewesen. Ich hatte vorher den libanesischen Tourismusminister angeschrieben, uns höflich als Reisejournalisten vorgestellt und um Einladungen, Flugtickets, Unterkunft, Dolmetscher und Fahrer gebeten. Der Minister schrieb zurück, sein Land sei arm, wir müssten die Flüge selbst bezahlen, alles andere gehe klar. Drei Wochen vor unserem Abflug benachrichtigte er mich, dass Fahrer und Dolmetscher leider überraschend und für länger erkrankt seien. Aber die Unterkunft blieb organisiert, und so konnten wir eine Woche lang im Luxus-Hotel »The Lancaster« residieren. Am ersten Tag in Beirut schauten wir uns die »Green Line« an, die Grenze mitten in der Stadt, über die hinweg sich prowestliche Maroniten und antiwestliche Muslime jahrelang auf kurze Distanz beschossen hatten. Dort fanden wir tatsächlich die völlig zerschossenen Häuser, deren Bilder man aus dem Auslandsjournal und sämtlichen Nachrichtensendungen kannte und die das Bild Beiruts in Europa prägten. Für Beirut waren sie eigentlich nicht typisch, es gab sie nur an dieser einzigen Straße, aber kein Reporter und kein Kameramann hatte dem Motiv widerstehen können. Am zweiten Tag tranken wir mit dem Tourismusminister Tee, und abends im »Blue Note«-Jazzclub ließen wir uns von ein paar Libanesen die politische Situation erklären.

»Ich komme nach Deutschland, ich will besser leben. Ich komme da und darf nicht gehen wo andere, darf nicht arbeiten, und seit 1996 ich habe Abschiebung. Aber die schicken mich nicht zurück in meine Heimat, nein. Ich habe einmal gesagt zur Ausländerbehörde, ich will nicht bleiben, ich hasse Deutschland. Bitte, ich will zurück. Nicht meine Problem, haben die gesagt. Warten bis Frieden mit Israeli.«

»Kann noch ein bisschen dauern«, analysierte ich die weltpolitische Situation. Ich verschwieg, dass ich zu diesem Fall gerne den Rat Scholl-Latours eingeholt hätte.

Abbas ergriff den Aluminiumteetopf und holte auf dem Flur frisches Wasser. Routiniert befüllte er die alte Teemaschine. »Einmal ich fahre mit Fahrrad. Polizist hat gesagt zu mir ›Halt!‹ und gibt mir Strafe. Ich sage: ›Ich habe gesehen, vielleicht fünf oder sechs deutsche Leute auch fahren mit Fahrrad, warum gibst du nicht die Leute Strafe?‹ Er: ›Wenn willst du nicht so, kannst du gehen zurück nach deine Heimat.‹«

»Haben Sie bezahlt?«

»Na ja, 10 Euro. Wenn ich krieg 40 Euro und ich bezahlen 10 Euro Strafe. Dann muss ich bleiben drei, vier Tage ohne Essen oder Zigaretten oder so. Aber gibt es so viele Leute sehr nett, helfen, und geht ein bisschen.«

»Und das ist Ihr Pass?« Ich blättere in einem dünnen Provisorium vor mir auf dem Tisch. »Augenfarbe: ungeklärt, Staatsangehörigkeit: ungeklärt. Genügt mit dieser Bescheinigung nicht der Ausweispflicht«, las ich laut. »Was kann man überhaupt machen damit?«

»Nur das beweisen, dass ich ich bin.« Herr Abbas lachte. Dann zeigte er auf ein paar Gutscheine, mit denen er in

Supermärkten einkaufen konnte. Im Libanon hatte er als Bäcker und Elektriker gearbeitet und in Arafats Armee gedient. In Deutschland hatte Herr Abbas noch von einem Freund das Friseurhandwerk gelernt. Vier Berufe, keine Arbeitserlaubnis.

Wir starrten wieder gemeinsam auf den Fernsehapparat. Der Weltgeist hatte es wahrlich nicht allzu gut mit den Bewohnern des ehemaligen britischen Mandatsgebietes Palästina gemeint. Da es nicht, wie vom Völkerbund ursprünglich geplant, zu einer Gründung zweier unabhängiger Staaten gekommen war, sondern nur zur Gründung Israels, waren viele Palästinenser dazu verdammt, in Staaten umherzuirren, in denen sie nicht frei leben, nicht arbeiten durften, ja, die noch nicht einmal in der Lage waren, die Augenfarbe der Flüchtlinge vorübergehend festzulegen.

Die Tür ging auf, und ein Zimmernachbar von Abbas kam herein. Er setzte sich zu uns, nahm sich eine Tasse Tee, zündete eine Zigarette an und starrte in den Fernseher.

»Die Ausländerbehörde hassen arabische Leute. So einfach hassen arabische Leute. Seit '95 ich bin in diese Heim. Ich habe nicht gehört oder gesehen eine Arabische kriegt Aufenthalt oder kriegt Wohnung oder Arbeitserlaubnis. Aber iranisch, vietnamesisch, afrikanisch, alle anderen Länder kriegen Aufenthalt. Verboten, aber ich bin nicht Tier, ich bin Mensch, und ich will machen, ich will meinen Spaß auch. Kommt Abend, sitzen in Hennigsdorf, gibt's Disco, gibt's alles. Manchmal ich gehe zu Disco, suchen Frau, sitzen in Imbiss, helfen die Leute im Imbiss so, und manchmal zehn Uhr, elf Uhr, manchmal vier Uhr früh komme zurück nach Heim. Bin total verrückt, oder ich habe Stress zu viel, ich trinke, bis besoffen, und ich streite egal mit welche Leute ich sehe.«

Wir starrten wieder auf den Fernseher und nippten an unserem Tee. Es kamen noch mehr Freunde von Abbas zum Teetrinken, Rauchen, Fernsehen und Reden. Irgendwann standen auch ein paar Flaschen Wodka auf dem Tisch, und ich machte mit der typisch arabischen Sitte Bekanntschaft, das höfliche »Danke, nein« eines Gastes in »Ja, bitte, aber nur noch zwei bis drei, maximal acht« zu übersetzen. Wir tranken und diskutierten, bis es dunkel war. Aber ein paar Flaschen Wodka reichten nicht aus, um die Probleme dieser Leute zu lösen.

DER IMBISS

Am nächsten Morgen ging ich über Schönwalde in Richtung Falkensee. Falkensee liegt im Westen Berlins auf brandenburgischem Boden. Ich war vom Wodka noch etwas wackelig auf den Beinen und brauchte eine Stärkung.

In einer Linkskurve an der Bundesstraße lagen eine Tankstelle und ein Imbissstand. Der Randstreifen vor der Tankstelle war mit einer endlosen Reihe großer dunkelblauer Tanklaster zugeparkt. Am Stand kaufte ich mir zum Frühstück ein Bier. Dann stellte ich mich an einen der sonnenbeschirmten Stehtische und beobachtete, wie die ersten drei blauen Tanklaster abfuhren. Ein beißender Geruch lag in der Luft, und der konnte nicht allein von der Fritteuse stammen. Ich fragte die Imbissverkäuferin, eine kleine dunkelhaarige Frau in einem orangefarbenen Adidas-Sweatshirt, die unablässig Bier und Wurst über die Theke schob, nach den Lastern. Sie rief nach ihrer blonden Kollegin, die den Imbiss gerade von außen putzte.

»Die mit die LKWs?« Die Blonde rümpfte die Nase. »Das sind Fahrer, Jauche«, sagte sie und schaute mich an, als sei es ihre Schuld, dass die Jauche-Laster die Luft rund um den Imbiss verpesteten. »Grubenentleerung und so was.« Einer der LKWs zog mit so ohrenbetäubendem Lärm an uns vorbei, dass ich ihr von den Lippen lesen musste.

Die Damen zeigten auf vier große Betondeckel, die zwei Meter neben dem Imbiss in den Boden eingelassen waren.

Da wo früher Kasernen der Volkspolizei standen, wird heute Golf gespielt.

»Da pumpen sie denn ab«, sagte die kleine Dunkle.

»Eine Riesenscheiße, oder?«

»Das is ja nur, wenn die kommen und abpumpen tun«, wiegelte sie ab.

»Ist das hier DDR gewesen?«

»Ja, DDR, also ehemalige.« Die kleine Verkäuferin nickte entschlossen.

»Deswegen ist die Kanalisation hier auch noch nicht angeschlossen«, vermutete ich.

»Ja, deswegen, hier sind sie noch nicht so weit«, nickte die Blonde, »aber immer pö-a-pö geht es hier voran.« Sie versuchte, ein wenig optimistisch zu klingen, schien aber ihren eigenen Worten nicht recht zu trauen.

»Was kommt denn als Nächstes?«, fragte ich.

»Hier? Als Nächstes? Ja, was soll hier kommen? Weeß

nich. Tankstellenmäßig jetze oder was …?«, fragte die Blonde und sah mich hilfesuchend an.

»Wenn es peu à peu immer weiter geht, meine ich.«

Sie schaute sich um und dachte nach.

»Da«, sie zeigte in Richtung der nahe gelegenen Kreuzung, »da, habe ich mal gehört, soll alles ausgebaut werden. Da soll irgendwie so ein Yachthafen hingemacht werden, ob das stimmt?« Offenbar überdachte sie noch einmal, was sie da gerade von sich gab, denn die Zweifel in ihrer Stimme wurden überdeutlich. »Erzählt wird ja viel … Dann soll hier ein Kreisverkehr hin, was sie erzählt haben. Und auf der anderen Seite noch einer.«

»Zwei Kreisverkehre und ein Yachthafen?«, fasste ich die Visionen noch einmal zusammen, die der »Aufbau Ost« für diese abgelegene und beißend stinkende Ecke vorsah.

»Ja«, sagte die kleine Dunkle.

»Klingt nach Aufschwung«, sagte ich.

»Ja«, antwortete die Blonde.

»Da kriegen Sie ja ganz andere Kunden, wenn hier Yachten anlegen.«

»Ja, da kommen schon ein paar, ein besseres Publikum, denke ich mal.« Die Blonde lachte freudig auf.

»Aber wenn hier die Freizeitkapitäne kommen, müssen Sie auch das entsprechende Speiseangebot haben«, mahnte ich. »Was gibt es denn bei Ihnen?«

»Na, Fischstäbchen mit Kartoffelsalat, Sahnehering mit Bratkartoffeln, Leberkäse mit Spiegelei, Seelachs mit Kartoffelsalat, Champignon-Nackensteak mit Bratkartoffeln«, repetierte die Blonde wie aus der Pistole geschossen.

»Currywürste, Knacker, Bockwurst, Nuggets …«, ergänzte die kleine Dunkle.

»Hamburger, Cheeseburger, belegte Brötchen, Spiegeleier, Salate, von Kartoffelsalate sind vier Varianten, Nudelsalat ist eine Variante, dann sind Pommes, ja. Also, schon frühmorgens ist Frühstück«, sagte die Blonde.

»Grillhaxen mit Bratkartoffeln und Sauerkraut«, rundete die kleine Dunkle das Sortiment ab.

»Austern?«, fragte ich.

»Nein«, sagte die kleine Dunkle.

»Fleischspieß ist da …«, sagte die Blonde.

»Schnitzel, Bouletten«, ergänzte die kleine Dunkle.

»Bauchfleisch auch«, sagte die Blonde.

»Also alles, was man sich denken kann«, sagte die Blonde.

»Ja. Wie gesagt, Frühstücksangebot sind drei halbe belegte Brötchen mit einem großen Pott Kaffee für 2,50 Euro«, sagte die kleine Dunkle.

»Und wir haben Rührei-Brötchen, Zwiebelmett-Brötchen, Salami, Käse«, fiel der Blonden noch ein.

»Ei?«, fragte ich.

»Seelachs«, sagte die Blonde.

»Das schafft man ja gar nicht alles auf einmal«, sagte ich.

»Doch, doch, mit zwei Mann hier, es muss! Das hat sich auch gut rumgesprochen hier. Die Kunden sagen auch, die Preise sind okay.«

Der Imbiss hatte viele Kunden, versicherten mir die Damen, aus Spandau, aus Nauen oder sonst wo. Paare, Bauarbeiter, Wochenendausflügler, viele Radfahrer.

»Kommen auch Leute extra zum Essen hierher?«, fragte ich.

»Ja, aus Berlin, die kommen von überall. Wir haben auch welche, die aus München kamen«, sagte die Blonde.

»Haben Sie auch internationale Gäste hier?«, fragte ich. »Aus Paris mal jemand? Franzosen?«

»Polen haben wir sehr viele und Russen auch«, sagte die kleine Dunkle.

»Holländerinnen, von Holland waren auch schon viele ...« ergänzte die Blonde.

»Bayern hatten wir auch schon, zwei, drei«, sagte die kleine Dunkle.

Beide dachten jetzt angestrengt nach.

»Essen die anders, die Polen, bestellen die was anderes?«, fragte ich.

»Also, die bestellen viel mit Pommes, Pommes viel und Currywürste«, rief die Blonde.

»Und Brötchen dazu«, ergänzte die kleine Dunkle. »Und dann essen sie viel Spiegeleier. Kaffee trinken sie auch sehr viel.«

»Cola auch«, fügte die Blonde hinzu.

»Sprite, Kaffee, Fassbrause und die Orangenbrause, die geht ja auch eigentlich immer. Die meisten aber auch Bier gerne«, meinte die kleine Dunkle.

Die Blonde bestätigte das. Die kleine Dunkle legte ihren Kopf schief und dachte noch einmal nach. »Ja, die auf der Durchreise waren, die haben dann immer Bier bekommen.«

Ich erinnerte mich, dass ich ja eigentlich auch nur auf der Durchreise war, trank meine Flasche leer und verabschiedete mich.

GÄRTNER SCHMIDT

24 Tage war ich jetzt unterwegs. Ich marschierte durch den Spandauer Forst in Richtung Süden.

Ein paar Kilometer folgte ich der Bundesstraße 5, dann versuchte ich, durch den Wald abzukürzen. Ich kletterte über eine niedrige Böschung und blickte in eine fremdartige Welt. Die Szenerie sah aus, als habe ein Bühnenbauer das Set für John Carpenters neuesten Zombiefilm so eingerichtet, dass auch die düsteren Passagen von Shakespeares *Der Sturm* hier nach Drehschluss geprobt werden könnten. Ich stand in einem gespenstisch dunklen Wald, vor mir Hunderte um-

Gibt es etwas Erhabeneres als eine deutsche Bundesstrasse in der Abendsonne?

»Nehmen Sie doch Platz!«, scheint dieses Grab dem Wanderer zuzurufen. Da heißt es, schnell weitergehen und nicht zurückschauen.

gestoßener Grabsteine, überwucherter Kreuze und von morschem Holz bedeckter Gräber. Das Unwirkliche des Ortes wurde durch das Licht gesteigert, das am frühen Abend durch die völlig verfilzten Kronen der Baumwipfel gebündelt auf einzelne Grabsteine und verrostete Grabeinfassungen fiel. Ich hielt unwillkürlich den Atem an und lief weiter in das verwunschene Gelände hinein.

Die letzten Beerdigungen hatten, den schwer zu entziffernden Jahreszahlen auf einigen Grabsteinen zufolge, 1948 stattgefunden. Das dürre Totholz unter meinen Füßen krachte wie berstende Knochen. Beziehungsweise so, wie ich mir in diesem Moment das Krachen berstender Knochen vorstellte. Langsam tastete ich mich voran, bis ich an einem bescheidenen Grab stand, auf dem verblichene Plastikblu-

Es ist nicht wirklich unheimlich auf dem ehemaligen Friedhof Charlottenburg. Vielmehr gibt es gerade in den Abendstunden hin und wieder irritierende Lichtphänomene, die aber ganz einfach zu erklären sein müssten.

men lagen. Irgendjemand hatte das zerbrochene Holzkreuz wieder aufgerichtet: »Hier ruht in Frieden Anna Asucha. 23. 5. 1948. Zum Gedenken, Albert und Horst.« Keine Gespenstergeschichte hatte je meinen Nachtschlaf zu beeinträchtigen vermocht, aber jetzt drehte ich mich nach allen Seiten um, ähnlich wie auf Seite 59, nur schneller, in der bangen Erwartung, gleich könnte eine der Grabplatten von unten zur Seite geschoben werden. Aber es blieb still, totenstill.

Ohne jeden Zweifel hatte ich gerade das vieldiskutierte Reich der Toten durchwandert: vorne rein und hinten wieder raus. Es war eigentlich ganz einfach. Jetzt bloß keinen Fehler machen. Aus der Literatur wusste ich, dass man sich nach einer solchen Exkursion nicht umdrehen darf. Ich bin nicht wirklich abergläubisch. Aber manchmal ist es besser, ein wenig abergläubisch zu sein. Ich hatte jedenfalls das dringende Bedürfnis, noch eine Weile unter Lebenden zu wandern. Hinter dem Totenreich lag sinnigerweise eine Gärtnerei. Das Eingangstor stand weit offen, aber es war niemand zu sehen. Ich ging vorsichtig hindurch.

Ein kleiner, sehr kompakt gewachsener Mann mit gewaltigen Oberarmen kam auf mich zu. Er war stoppelbärtig, trug einen kahlrasierten Schädel und hätte vor 100 Jahren in jeder Kuriositätenschau der Welt ein gutes Auskommen als Kraftmensch gehabt. Ich fragte ihn nach den Gräbern im Wald.

»Ein alter Friedhof ist das. Der Charlottenburger Friedhof«, sagte der Gärtner, legte den Kopf schief und musterte mich misstrauisch. »Der ist ja schon seit 50 Jahren tot, da bewegt sich ja nichts mehr.« Er brach unvermittelt in ein diabolisches Gelächter aus.

»Und hier? Ist das auch Teil des Friedhofs?« Ich musterte die vielfarbigen Beete um uns herum, die sich in einem Zustand leichter Verwahrlosung befanden.

»Nein, das ist meine Baumschule. Die hab ich hier aufgebaut. Ich bin Gärtner. Gärtner Schmidt. So ist das.« Gärtner Schmidt setzte sich in Bewegung, ich folgte ihm.

Wir stapften schweigend an einer Reihe von Nadelgehölzen vorbei, deren rostbraun schattierte Verfärbungen auf einen nicht unbedenklichen Gesundheitszustand schließen ließen. Gärtner Schmidt war 1997 von München nach Brandenburg gekommen, damals hatten auf dem Areal seiner Gärtnerei 600 Kubikmeter Müll gelegen, Brennnesseln und Brombeeren wuchsen vier, fünf Meter hoch. Das ganze Gelände hatte er dann in sechs Monaten mit Hilfe eines Baggers hergerichtet.

»Und wieso ausgerechnet hier?«, fragte ich verständnislos.

»Das hat sich angeboten. Ich habe das gesehen hier, von der B 5 aus, und dann über die Kirche gekriegt, gepachtet.«

»Liegen hier noch Leichen rum?«

»Hier drinnen nicht, nur bis zum Zaun. Die liegen da doch seit 50 Jahren.«

»Ich dachte, die hätte man vielleicht umgebettet.«

»Nein, als sie die B 5 verbreitert und da durchplaniert haben, da haben sie die Knochen obendrauf liegen sehen. Die haben sie dann da wieder eingebuddelt.«

Auf einmal standen mir Bilder aus meiner Schulzeit vor Augen. Ich erinnerte mich daran, dass auch in Osnabrück einmal alte Knochen gefunden wurden. Bei Probegrabungen für eine Tiefgarage neben dem romanischen Dom waren Bauarbeiter auf Gräber aus der Pestzeit gestoßen.

Eines Tages stand ich sehr zur Überraschung meiner Mutter, mit einem alten Oberschenkelhalsknochen vor der Haustür. Den hatten wir dann allerdings – der Einfachheit halber – nicht wieder eingebuddelt, sondern unauffällig im Hausmüll entsorgt.

»Sagen Sie mal«, fragte ich den merkwürdigen Gärtner neben mir, »ist das nicht manchmal ein bisschen unheimlich, direkt am Friedhof, ganz allein auf diesem großen Grundstück mit all den Bäumen?«

»Ansammlungen von Menschen mag ich überhaupt nicht, ich lebe gerne ruhig. Hören Sie hier was?« Wir lauschten. Es war nichts zu hören außer dem enervierend monotonen Rauschen der B5.

»Aber das muss man können, das kann nicht jeder, so

eine Abgeschiedenheit. Ich mag es halt. Ich habe meinen kleinen Pitbull zum Aufpassen hier.«

»Ich fand das nämlich ein bisschen gruselig im Dunkeln auf dem Friedhof«, gestand ich.

»Also, ich habe keine Angst da. Ich wohne hier schon seit neun Jahren. Bin aber schon mal nachts überfallen worden.«

»Gute Güte, von wem denn?«, fragte ich und konnte mir kaum vorstellen, dass jemand freiwillig Gärtner Schmidt und seinen Pitbull überfallen würde.

Ein Ausbrecher aus der Justizvollzugsanstalt Tegel war in die Gärtnerei eingebrochen und wollte in Schmidts Haus übernachten. Der Gärtner rief die Polizei, aber die Polizisten aus Berlin hatten an der Kreuzung hinter der Gärtnerei angehalten und umgedreht, weil dort die Landesgrenze von Brandenburg verlief. Und Schmidt rief daraufhin mitten in der Nacht die Polizeidienststellen in Potsdam, Oranienburg und Falkensee an. Ergebnislos. Schließlich kamen um ein Uhr in der Nacht zwei Beamte aus Nauen und übernahmen den Ausbrecher.

»Und wie haben Sie ihn so lange festhalten können?«, fragte ich.

»Ja, ich bin Gärtner, oder? Das geht schon.«

»Wie denn?«

»Das verrate ich nicht. Der Pitbull war auch dabei. Nein, so einfach durch meine Worte, alleine so.« Gärtner Schmidt grinste mich an, bevor er in infernalisches Gelächter ausbrach.

Ich starrte den Muskelberg an.

»Überzeugungskraft nennt man das. Du bist hier bei Gärtner Schmidt, habe ich gesagt, ganz ruhig Blut hier, ich rufe die Polizei und lasse dich abholen.«

»Wie groß ist eigentlich das Land, das Sie hier haben?« Wir liefen jetzt schon seit zehn Minuten, ohne an die Grundstücksgrenze zu stoßen.

»20 000 Quadratmeter. Die linke Seite ist ein bisschen verwildert.«

»Und wie viele Bäume haben Sie?«

»Eine Million oder so. Kann auch ein bisschen mehr sein oder ein bisschen weniger.«

»Da kennt man nicht jeden persönlich, oder?«

Schmidt blieb stehen und sah mich an: »Ich kenne jeden Baum. Ich gehe ja jeden Tag durch meine Gärtnerei. Als Gärtner muss man das machen.«

»Reden Sie auch mit Ihren Pflanzen?«

»Klar. Ich bin doch Gärtner. Die merken schon, ob sie gut behandelt werden oder nicht.« Der Gärtner griff einer kleinen Konifere, an der wir gerade vorbeigingen, in die Krone und schüttelte sie.

»Sehen Sie das?« Die Konifere war auf einer Seite vertrocknet. »Der war unartig, den hab ich getreten, der ist braun geworden.« Gärtner Schmidt lachte diabolisch. Dann wurde er sehr plötzlich wieder ernst: »Nein, war Spass jetzt hier. Dieses Unterhalten mit den Pflanzen ergibt sich daraus, dass man als Gärtner von morgens bis abends spät in der Gärtnerei drinne ist. Und wenn man Zwiesprache hält mit den Bäumen, nehmen das manche Leute dafür, dass die Gärtner sich mit den Pflanzen unterhalten. In Wirklichkeit führt man Selbstgespräche, so einfach ist das.«

»Das heißt aber«, wandte ich ein, »die Bäume wissen alles über Sie.«

»Eigentlich ja. Man gut, dass sie nicht reden können.«

Wieder brach der Gärtner in sein infernalisches Gelächter aus.

»Und worüber reden Sie so mit sich selbst?«

»Ja, über alles halt, was einen belastet. Allgemein, was da so abläuft.«

»Haben Sie auch Lieblingsbäume?«

»Das sind alles meine Lieblingsbäume. Kriegen alle jeden Tag Wasser und werden jeden Tag unterhalten. Alle Bäume sind gleich für mich als Gärtner, verstehen Sie?«

Ich war schon immer der Auffassung gewesen, dass ein gewisses philosophisches Grundvermögen konstitutionell mit dem Gärtnerberuf verbunden ist. Nun verstand ich nicht nur, dass Ludwig Wittgenstein die Anstellung als Gärtnergehilfe einer Dozentur in Cambridge vorgezogen hatte, mir wurde ebenfalls klar, dass weite Teile der letztendlichen Fas-

Stillleben mit Gärtner, Rose, Nase (v.l.n.r.)

sung des *Tractatus logico-philosophicus* in seliger Zwiesprache mit den Zierpflanzen des Klosters der barmherzigen Brüder in Wien-Hütteldorf entstanden sein mussten. Und der österreichische Sprachphilosoph hatte doch vorher in seiner Anstellung als Lehrer einen elfjährigen Schüler mit unterdurchschnittlicher Auffassungsgabe bewusstlos geschlagen. Auf den Kopf. War das vielleicht auch die Technik gewesen, mit der Gärtner Schmidt den Einbrecher …? Sicher aber lag ein Teil der Prädestination für das Amt des Gärtners auch in Misantrophie, Unduldsamkeit, Temperament und Begeisterung für Motorfräsen begründet. Florale Zöglinge in der Baumschule jedenfalls widersprachen nie, gähnten selten, wenn ihnen langweilig wurde, und spielten nicht Schiffe versenken unter der Bank. Sie waren die wahren Stoiker. Sie wussten alles und sagten nichts.

Schade, dass ich bei meinem Einstieg in die Welt der Philosophie, Ostern 1987, vollkommen gescheitert war. Schon nach zehn Stunden hatte ich meinen Semesterferien-Job in einer Münsteraner Baumschule spontan gekündigt. Die Arbeit bestand darin, ab sechs Uhr morgens hinter einem Traktor her über eine Pflanzung zu laufen und die kleinen Jungtannen, die soeben von einer Egge unterirdisch gekappt worden waren, herauszurupfen und zu bündeln. Die einzigen Arbeiter außer mir waren Italiener, die sich von ein paar Wochen dieser Tätigkeit jeweils ein halbes Jahr in Italien leisten mussten und mit denen man sich nicht einmal unterhalten konnte, weil man damit beschäftigt war, die Bäume zu zählen. Als der Fünf-Uhr-Wetterbericht morgens an meinem zweiten Arbeitstag einen Schneesturm ankündigte, beschloss ich, demnächst in der »Alten Gaststätte

Holling« noch mehr Deckel unter den Tisch fallen zu lassen, kündigte innerlich und zog mir die Decke über den Kopf.

Gärtner Schmidt beendete abrupt meine persönliche Retrospektive. »Die hier sind so 20 Jahre alt. Da vorne sind Blütensträucher. Cornus und Hieronymus. Das sind Pflanzen, die man dann in Kübel setzt. Auf Terrasse und so. Alles aus München mit hierhergebracht und einen Teil natürlich auch schon wieder neu gezogen.«

»Haben Sie eigentlich Menschen oder Pflanzen lieber?«, erkundigte ich mich.

»Pflanzen. Pflanzen und Hunde.«

»Warum, was ist der Vorteil bei Pflanzen?«

»Sie kennen doch Menschen. Ergibt sich doch von alleine, oder nicht?« Der Gärtner war stehen geblieben und musterte mich eindringlich. Wir stiegen einen kleinen Hügel hinauf, bis wir einen in seinem ökologischen Urzustand belassenen Tümpel erreichten.

»Das da unten, das sind Graskarpfen, diese großen weißen da«, murmelte der Gärtner und spähte in den Teich. Ich registrierte eine weißliche Bewegung in der grünlichen Suppe.

»Haben Sie schlechte Erfahrungen mit Menschen gemacht?«

»Ich? Aber ja doch. Machen wir jeden Tag. Oder nicht?« Der Gärtner sah mich durchdringend an. »Wir machen mal gute Erfahrungen, aber den überwiegenden Teil machen wir doch schlechte Erfahrungen mit den Menschen.«

Ein Karpfen durchstieß die Wasserfläche.

»Was haben Sie denn mit Menschen erlebt?«, fragte ich vorsichtig.

In München, erzählte der Gärtner, während er in den Tümpel starrte, habe er so eine Gärtnerei wie diese gehabt. Und durch den Autobahnbau sei sie einfach einplaniert worden. Er hätte ein paar Mark auf den Tisch gekriegt, dann musste er gehen und fertig. In Brandenburg habe er neu angefangen und seither nur Theater mit den Behörden, mit der Gemeinde, mit dem Finanzamt. Der Gärtner schwieg einen Moment. Man ließe sich schon was einfallen, um ihn zu schikanieren.

»Das ist jetzt der Osten hier, hier ist Brandenburg, und genau hinter meiner Birkenhecke fängt Berlin an. Und ich bin entweder der erste Brandenburger oder der letzte Brandenburger, je nachdem, aus welcher Richtung man kommt.«

Wir schwiegen eine Weile und beobachteten, wie die Sonne hinter der Birkenhecke unterging. »Ich bin übrigens ein großer Freund vom Ficus benjamini«, outete ich mich als Fachmann. In meinen Studentenzimmern waren das die einzigen Pflanzen gewesen, die meinen unsteten Lebenswandel überlebt hatten.

»Ja, Zimmerlinde«, sagte der Gärtner etwas mitleidig. »Mein Gott, gibt es halt. Meine Großmutter hat ihren Gummibaum mit Öl gepflegt, zwei Meter, dann war Schluss. Ich bin vor sieben Jahren nach Kapstadt gekommen und bin da in den botanischen Garten gegangen, nach Stellenbosch, da sind das richtige Bäume, wie bei uns die Eichenbäume von hundert, zweihundert Jahren, so Ausmaße haben da diese Gummibäume! Also, das ist faszinierend, wenn man bedenkt, wie die hier wachsen, langsam, und klein bleiben ... Aber Ficus benjamini? Ich meine, wer den braucht, soll sich den kaufen!«

»Können Sie den nicht leiden?«, fragte ich.

»Ich mag alle Pflanzen. Alle Tiere und alle Pflanzen mag ich. Und ich mag auch Menschen, aber immer mit Abstand. Es ist immer, sagen wir mal so, gewöhnungsbedürftig mit den Menschen, was mit den Pflanzen nicht ist.«

Der Gärtner roch an einer gelben Rose. »Hmm, gut. Es gibt ja heutzutage nur noch so beschissene Rosen, die nicht riechen. Aber nicht diese hier. Da, diese roten da, das sind ja mittlerweile meine Lieblinge. Das sind Strauchrosen.« Er griff eine Rose und steckte seine Nase hinein. Ich tat es ihm gleich. Er lachte wieder sein Gärtner-Schmidt-Lachen. »Hier, die riecht gut hier.« Mit seiner behaarten Pranke schob er zart eine andere Rosenblüte in meine Richtung. Ich beugte mich nieder und roch daran.

»Hier ist mein Pitbull, wollen Sie den auch kennenlernen? Der tut nichts.« Ganz versteckt hinter dem Rosengarten stand ein kleines Gartenhaus. Der Gärtner nahm einen dicken alten Strick von der Wand neben der Gartenhaustür und verschwand kurz dahinter, um mit einem gewaltigen Pitbull namens Maxi wieder herauszukommen. Der Hund war wesentlich breiter als hoch, schien ausschließlich aus angespannten Muskelpaketen zu bestehen und wedelte nervös mit dem Schwanz. Ich trat einen großen Schritt zurück. Maxis Blick verriet, dass er darüber nachdachte, ob ich irgendwie in sein Beuteschema passte.

»Das ist Maxi. Sitz, Maxi! Maxi passt auf hier. Maxi, sitz! Maxi passt auf die ganze Gärtnerei auf. Das ist ein Pitbull, aber kein Kampfhund in dem Sinne. Sitz! Sitz! Der ist nicht böse, solange er mit dem Schwanz wackelt, ist er nicht böse. Maxi, sitz! Mach sitz! Sitz! Sitz!«

Maxi hörte auf, mit dem Schwanz zu wedeln und fixierte mich. Ich taxierte den brüchigen Strick, der Maxi und mich noch voneinander trennte. Maxi fing an zu knurren.

»Aus jetzt hier! Ganz lieber Wauwau ist das. Maxi ist sechs Jahre alt. Der mag auch keine Menschen. Wie sein Herrchen. So, ich bringe ihn mal wieder zurück hier, weil sonst …«

Der Gärtner zerrte die Bestie wieder ins Gartenhaus und verschloss die Tür sorgfältig.

»Man sollte immer daran denken, dass er doch alleine mit mir ist und Menschen einfach nicht so gewohnt ist. Er ist ein Wachhund, und so muss man ihn auch behandeln, nicht? Einmal ist ein Hirsch über den Zaun gesprungen, den hat er komplett zerlegt. Ja, wie gefällt dir sonst meine Gärtnerei?«

»Gute Gärtnerei. Super Bäume.«

DER GOTTSUCHER

Der Märkische Sand rund um Berlin ist ein idealer Ort für Kriegsspiele. Seit über 500 Jahren wird in der Döberitzer Heide der Ernstfall geprobt.

Ich war eine gute Stunde durch die Heide marschiert, ohne eine Menschenseele zu treffen, als ich abseits des Pfades inmitten ein paar lichter Kiefern einen Mann auf der Erde knien sah. Auch er schien, wie ein paar Kilometer weiter nördlich Gärtner Schmidt, Zwiesprache mit der Schöpfung zu halten.

»Hallo. Was machen Sie denn hier? Halten Sie Zwiegespräch mit den Bäumen?« Der Mann war alt, auffällig hager, trug einen beigefarbenen, viel zu großen Pullover und eine Cordhose. Sein schulterlanges Haar war schlohweiß. Ich hatte *Das Leben des Brian* gesehen und hoffte, nicht der Mann zu sein, dessentwegen der Eremit sein Schweigegelübde würde brechen müssen.

»Nein, mit meinem Gott«, entgegnete er leise.

»Oh«, sagte ich überrascht, »mit welchem denn?«

»Mit meinem«, erwiderte der Mann mit sanfter, leiser Stimme.

»Einer, den ich auch kenne?«, fragte ich. »Wie heißt Ihr Gott?«

Er schwieg und lächelte.

»Sie wollen ihn mir nicht sagen«, tastete ich mich weiter.

»Richtig. Weil mein Gott es nicht will.«

»Ihr Gott ist ein … geheimer Gott?«

Ich hatte verschiedentlich von Geheimreligionen gelesen, und sie waren mir nie unsympathisch gewesen. Geheimreligionen unterteilten ihre Gläubigen in wenige Eingeweihte, die um alle Geheimnisse des Glaubens wussten, und viele Unwissende, die zwar glaubten, aber nicht genau wussten, woran. Kein elementarer Unterschied also zu den großen Weltreligionen.

Während einer Taxifahrt durch die libanesische Bekaa-Ebene hatte ich mit den Herren Krähe und Lauxtermann seinerzeit sogar überlegt, dem im nahen Schuf-Gebirge beheimateten Drusentum beizutreten. Der vollkommene Verzicht auf Missionierung und Konvertierung Andersgläubiger hatte uns ebenso beeindruckt wie die Ähnlichkeit des Drusenfürsten Walid Dschumblatt, der von der halbwegs seriösen *FAZ* als Partylöwe geführt wurde, mit Georges

Die Einheimischen sollen sogar während heftigen Gefechtsfeuers Pilze auf dem Truppenübungsplatz gesammelt haben.

Moustaki. Die Drusen selbst jedoch hätten unser Ansinnen höflich abgelehnt, da auch die Selbstmissionierung Ungläubiger einfach nicht vorgesehen war.

»Hm. Vielleicht will er es doch? Dass Sie mir seinen Namen sagen, meine ich.«

»Ich werde ihn fragen.« Damit drehte sich der Mann weg, nahm das Handtuch, das über seiner rechten Schulter lag, faltete es sorgsam in der Mitte, breitete es auf dem Boden aus und kniete nieder. Schweigend und mit geschlossenen Augen hob er den Kopf gen Himmel.

Es war sehr still im Wald. Ich verschränkte die Arme und schaute unwillkürlich auch nach oben. Kein Gott zu sehen. Dann blickte ich mich um. Kein Blatt bewegte sich. Eine unheimliche Stille lag über dem Truppenübungsplatz. Es vergingen zwei, drei endlose Minuten. Der Mann stand wieder auf, schüttelte bedächtig sein Handtuch aus und drehte sich zu mir um.

»Mein Gott hat den Namen Jeshua.«

»Wie sind Sie auf Ihren Gott gestoßen?«

»Ich bin nicht gestoßen«, antwortete der Mann, »er hat sich mir offenbart.«

»Wie offenbart sich Ihr Gott?«

»Indem Sie sich vor ihm demütigen«, sagte der Mann.

»Aber wie demütigt man sich vor Gott?«

»Steht im Alten Testament. Dass Sie, na, vielleicht drei Tage fasten und ihn anrufen«, erklärte der Mann geduldig.

»Sind Sie überzeugt, dass dieser der richtige Gott ist?«

»Ich brauche nicht überzeugt zu sein, ich habe Gewissheit. Denn er redet zu mir«, sagte der magere Mann und lächelte.

»Wie kann ich mir eine Offenbarung vorstellen?«

»Sie müssen ihn alleine suchen.«

»Hier?«

»Dies ist ihm wohlgefällig.«

»Das alles?«, fragte ich ungläubig und ließ meinen Blick über das Truppenübungsgelände streifen.

Früher, in seinem bürgerlichen Leben, war der Eremit Reedereikaufmann gewesen, hatte in der Entwicklungshilfe gearbeitet, über 40 Länder in der Welt bereist und viele Religionen kennengelernt. Der Mann zögerte, räusperte sich. Seine Stimme schien längeres Sprechen nicht mehr gewohnt zu sein.

»Und dann habe ich die Sinnlosigkeit meines Lebens eingesehen – verheiratet, zwei Kinder. Da habe ich gesagt: Mein Leben ist sinnlos, und wenn es dich gibt, wenn es einen Gott gibt, einen Schöpfer, dann offenbare dich mir. Und das hat er getan. Nach neun Jahren.«

Neun Jahre sind keine lange Zeit. Jedenfalls nicht für einen Gott. Ich erzählte dem Waldmenschen, dass ich kurz nach der Wende aus der katholischen Kirche ausgetreten sei, in einem Amt in Berlin-Mitte. Den DDR-Beamten war damals dieser Schritt so sympathisch gewesen, dass sie einfach darüber hinwegsahen, dass ich nicht einmal einen Personalausweis vorzeigen konnte. Und seither hatte sich mir kein einziger Gott offenbart. Allerdings hatte ich kurz zuvor, nur ein paar hundert Meter zurück, auf einer stillgelegten alten Brücke eine Taube gesehen.

»Brücken sind ja auch immer sinnbildlich«, unterbrach

mich der Mann aufgeregt, »und Tauben sind auch sinnbildlich! Wofür steht eine Taube?«

»Das ist eine gute Frage«, antwortete ich und versuchte, Zeit zu schinden. Plötzlich fühlte ich mich zurückversetzt in die fünfte Klasse. Vor mir stand der dicke Hans-Dieter Ernsing, der neue Religionslehrer im selbstgestrickten Pullover, von seinem christlichen Glauben fast so beseelt wie sein ungepflegter blonder Rauschebart stets von Eigelb und anderen Speiseresten.

»Wofür steht eine Taube?« Ich stand nach wie vor an der Tafel.

»Äh, ich dachte eigentlich für Frieden, für den Heiligen Geist und so.«

»Nein.« Schroff wurde ich korrigiert: »Es gibt keinen Heiligen Geist, es gibt nur den Ruach Kodesh, den Geist des lebendigen Gottes, welcher sieben Geister ist. Und die Taube ist eigentlich überall da, wo auch der Ruach ist.«

Ich stand wieder im Wald, machte ein Gesicht, als ob ich das verstanden hätte, und schilderte meine Begegnung mit der von Geistern besessenen Taube. »Die Taube saß auf einer Brücke, über die ich ging.«

»Das ist ein Zeichen, dass dieser Ruach mit Ihnen ist!«, flüsterte er aufgeregt.

»Die Taube hat mich angeguckt, als ich über die Brücke ging, und ich …«

»Das, das ist auch ein Zeichen!« Der magere Mann wurde noch aufgeregter und erklärte mir, dass ich eine Offenbarung bekommen würde – und zwar durch ihn, den Eremiten. Ich hatte das Gefühl, dass es langsam Zeit wurde, den Truppenübungsplatz zu verlassen.

»In welcher Richtung soll ich von hier aus gehen?«, fragte ich den Spiritisten.

Er schaute mich an. »Also wäre es gut, wenn Sie mal fasten würden. Und dann in der neunten Stunde zwischen zwei Uhr morgens und drei Uhr morgens, ja, den Gott finden, den Sie suchen, oder Ihren Schöpfer, dem Ihre Seele gehört, denn er hat im Alten Testament gesagt: Mir gehören alle Seelen, nur die Seele soll sterben, die sündigt.«

»Amen«, unterbrach ich ihn.

»Richtig«, sagte der Waldmeister.

»Ich danke Ihnen«, sagte ich und streckte meine Hand aus.

»Nein, meinen Handschlag können Sie nicht nehmen, weil dann habe ich Gemeinschaft mit Ihrer Ungläubigkeit«, sagte er und lächelte säuerlich.

Ich lächelte zurück, hob meine Hand zum Indianergruß und nahm meinen Weg wieder auf. Es begann zu dämmern.

DAS RENTENPROBLEM

Kurz vor Potsdam hörte ich lauten Streit aus dem Garten eines China-Restaurants. Ich spähte über die Gartenmauer und sah eine chinesische Großfamilie an einer riesigen knallbunten Konstruktion herumwerkeln. Das gewagte Bauprojekt war ins Stocken geraten, denn alle umringten den Mann mit dem Bauplan und stritten über die richtige Position eines der Teile. Die Familie versuchte, ein sechs Meter hohes Spielgerät in Form eines Schiffes zusammenzumontieren. Alles, was sie hatten, war eine chinesische Gebrauchsanweisung.

Auf dieser Wanderung hatte ich, nicht zuletzt bei meiner Begegnung mit Ewald, so viel Erfahrung im Umgang mit Booten erworben, dass ich mir inzwischen auch zutraute, beim Aufbau einer 15 Meter langen Dreimastgaleere nützlich zu sein. Ich betrat den Restaurant-Garten und sagte: »Guten Tag. Brauchen Sie Hilfe?«

Für einen Moment erstarb das Stimmengewirr, und Chinesen dreier Generationen schauten mich an. Ich trat näher und warf einen routinierten Blick auf die Gebrauchsanweisung. Eine Übereinstimmung zwischen dem Bild auf dem Bauplan und der im Garten stehenden Metallkonstruktion war nicht leicht zu erkennen.

»Ich glaube, das ist falsch zusammengebaut«, sagte ich.

»Nein, das ist richtig!«, widersprach mir der Chinese mit dem Plan in der Hand und drehte ihn auf den Kopf.

Las man chinesische Gebrauchsanweisungen vielleicht verkehrt herum? Ich versuchte Zeichnung und Wirklichkeit erneut zur Deckung zu bringen.

»Das Bild sagt nicht viel«, lächelte der Chinese und faltete die Zeichnung zusammen.

»Ein Bild sagt mehr als tausend Worte, sagt ein altes deutsches Sprichwort«, erwiderte ich.

Es fehlten noch die Seitenwände, erklärte er, bugsierte mich um den Rohbau herum und stellte ein großes braunes Plastikteil an seinen vermuteten Bestimmungsort.

»Wo kommen Sie her, aus China?«, fragte ich, während ich staunend beobachtete, wie schnell chinesische Großfamilien haushohe Konstruktionen zusammenschrauben können, auch ohne Verwendung ungesicherter Bambusgerüste.

»China? Shanghai unten!«, rief einer der Männer von einer Plattform herunter, die er gerade in drei Metern Höhe festschraubte.

Die ganze Familie war nach Berlin ausgewandert und hatte gleich ein Restaurant aufgemacht.

»Warum haben Sie ausgerechnet ein China-Restaurant aufgemacht?«

»Weil wir sind Chinesen, und wir können nur China-Restaurant machen, andere kann Koch nicht. Wir haben früher in der Schule nicht gut gelernt, sondern nur Koch gelernt«, betonte der Mann von der Plattform herab.

»Aha. Was ist denn hier besser als in China?«

»Na ganze, also Klima. Ich meine, von der Wetter ist schon besser als in China, aber jetzt ist nicht mehr so gut in Deutschland. China ist viel besser als Deutschland, wenn man von der Wirtschaft weitergeht.«

Von der Wirtschaftsmacht der Chinesen hatte ich schon gehört, das wollte ich mir genauer erklären lassen.

»Weil jetzt man sieht schon wie China bombardiert, in Deutschland geht alles nicht mehr so gut. Haben Sie nicht gelesen über die Zeitung? In 25 Jahre kann man in Deutschland nicht mehr bezahlen über diese Rente, und wir bezahlen jetzt über die Rente, ob wir nach 20 Jahren bekommen oder nicht bekommen, wissen wir auch nicht.«

Ich riet zur Geldanlage oder zum Kauf von Schiffen fürs Alter. Der Chinese lachte kurz auf, wurde aber schnell wieder ernst: »Ohne Rente wissen wir nicht, was wir machen.«

Ich schlug Kinderarbeit vor und zeigte auf ein ungefähr dreijähriges Kind, das am Boden spielte. Schließlich hatte ich unser deutsches Rentensystem immer so verstanden, dass Kinder für die Rente ihrer Eltern schuften müssen.

»Haben Sie nicht gelesen, dass nach 20 Jahren acht Kinder arbeiten, eine Kinder arbeiten für 25 ältere Leute. Wie kann man bezahlen?«, fragte der Chinese. Der bodenständigen, pragmatischen Denkweise dieser Wirtschaftsflüchtlinge war ein komplexes Rentenmodell wie das unsere offenbar nicht gewachsen.

Auch höhere Geburtenraten ließ er als Lösungsansatz nicht gelten. »Die Deutschen machen keine Kinder! Die Chinesen jetzt auch keine Lust mehr, Kinder zu machen. Nicht mehr wie früher. Ein, zwei Kinder reicht das aus, drei Kinder schon Kopfschmerzen! Vier Kinder …« Der Asiate wackelte bedenklich mit dem Kopf.

»Und acht Kinder?« Wenn wir das Rentensystem retten wollten, konnten wir uns schließlich nicht mit halben Sachen zufriedengeben.

Die Freie Presse *hieß schon zu DDR-Zeiten* Freie Presse. *Ob die Presse vor oder nach der Wende freier war, darüber würden kluge Menschen in vielen Talkshows sicherlich stundenlang diskutieren können.*

Der Rauschgiftmißbrauch in den USA hat den Charakter einer nationalen Epidemie angenommen. Auf vier bis fünf Millionen wird die Zahl der Kokainsüchtigen geschätzt, auf eine halbe Million die der Heroinsüchtigen. Jeder zwölfte Bürger des Landes raucht regelmäßig Marihuana, jeder fünfte hat zumindest damit schon Berührung gehabt. Die High-Society von Boston bis Beverly Hills ist ebenso betroffen wie gestreßte Piloten, Bürochefs, Zahnärzte und Busfahrer. Die Armee gehört zu den Abnehmern, die Filmbranche, die Armenghettos, die Spielsalons von Las Vegas. Nach »Marie Jane« (die amerikanisierte Version des Wortes Marihuana) hat nun auch »Koks« (Kokain) den US-amerikanischen Alltag erreicht. Snobs schenken nicht mehr Blumen oder Pralinen, sondern Kokain. Die Kellner in Hollywood akzeptieren Kokainprisen als Trinkgeld. Von Dallas heißt es, daß dort

Wer wäre da nicht gerne dabei gewesen! 1986 berichtet die Wochenpost.

»Hör auf!«, wehrte der Chinese ungläubig ab. »Wer macht heute noch acht Kinder? Vielleicht Türke! Chinese nicht mehr. Ein oder zwei Kinder höchstens. Mehr habe ich gehört nur vier oder fünf. Über fünf habe ich noch nie gehört!«

»In China er wird sofort kastriert«, rief ein anderer Chinese dazwischen. Die ganze chinesische Großfamilie fand das einen guten Ulk und lachte freundlich.

Die Chinesen machten sich also schon Sorgen um unser Rentensystem, wunderte ich mich, als ich das Restaurant verließ. Es gibt über 1,3 Milliarden Chinesen. Würde nur ein Prozent aus dem Reich der Mitte zu uns kommen, wären wir schon ein ganzes Stück weiter.

AM TEEPAVILLON

Nach 29 Tagen und 250 Kilometern hatte ich wieder Potsdam erreicht. Deutschland sah doch schon ziemlich alt aus, dachte ich, während ich zwischen den restaurierungsbedürftigen Überbleibseln des Ruinenberges zum Schloss Sanssouci lief.

Um das Wasserbecken, das ursprünglich die Wasserfontäne vor dem Schloss des Königs speisen sollte, hatten die Architekten Friedrichs des Großen einen kaputten Rundtempel, drei hohe ionische Säulen und eine daran angelehnte, zerbrochene Säule aufgestellt, die so aussehen sollte, als habe sie beim Umstürzen zufällig Halt an den anderen Säulen gefunden. Ein künstlicher Trümmerhaufen, der von der Schlossterrasse aus sehr malerisch aussehen und den Betrachter auf höchst unterhaltsame Weise an die Vergeblichkeit allen menschlichen Tuns und Strebens erinnern sollte. Die Ironie der Geschichte war, dass es den Ingenieuren im 18. Jahrhundert dabei nicht gelungen war, Wasser auf den Berg zu pumpen, um den Springbrunnen vor dem königlichen Weinberg auch tatsächlich zum Laufen zu bringen. Der eigentliche Zweck des ganzen Unternehmens wurde also nie erreicht.

Zu guter Letzt hatten auch die sowjetischen Besatzungstruppen das preußische Projekt falsch interpretiert, den Berg in ein militärisches Übungsgelände verwandelt und die Trümmer unter Beschuss genommen. Mit dem Ergebnis, dass die kunstvoll drapierten Säulen nach der Wende dem endgültigen Einsturz recht nahe gekommen waren. Der ganze Ruinenberg war ein grandioses Monument des Scheiterns und der Beweis, dass Scheitern unglaublich gut aussehen kann.

Ich ging die Treppe durch den königlichen Weinberg hinunter und wich dabei einem Chinesen aus, der sich mit einer triumphierend in die Luft gestreckten Mineralwasserflasche von seiner Frau ablichten ließ. Auf der Treppe wimmelte es von Chinesen.

Chinesen vor einem französisch anmutenden Rokokoschloss, das auf einem brandenburgischen Endmoränenrücken in Deutschland steht, der einem italienischen Weinberg nachempfunden ist. Mehr Globalisierung musste eigentlich nicht sein.

Die Chinesen konnten es natürlich nicht fassen und schossen zahllose Fotos, um diesen grandiosen Stilklau zu dokumentieren, nach China zu exportieren, zu transformieren und uns schlussendlich als chinesischen Billigartikel wieder zu verkaufen.

In derartig unseriöse Gedanken versunken, schlenderte ich durch den Park. Vor der deutschen Version eines chinesischen Teehauses blieb ich stehen und fragte mich, was die Chinesen wohl von dieser preußischen Raubkopie hielten.

Auf einmal hörte ich ein dünnes Stimmchen an meiner Seite. »Please, can you take a foto of me?« Neben mir stand ein zierliches, komplett rosafarbenes Wesen und hielt mir seinen Fotoapparat entgegen. Ob ich ein Foto machen könne, piepste es noch einmal unter einem bonbonfarbenen Hut hervor. Ich vermutete, dass es sich um ein asiatisches Feenwesen handeln musste. Genaueres war unter der Kostümierung nicht zu erkennen. Immerhin hob sie sich mit dieser Alarmfarbe wohltuend von der allwettergeeigneten Einheitsuniform herkömmlicher Touristen ab. Möglicherweise hatte die winzige Frau dieses starkfarbige Outfit auch gewählt, um in Europa nicht zertreten zu werden.

»Sure«, entgegnete ich lächelnd und bat sie darum, erst mich zu fotografieren. Ich stellte mich vor dem chinesischen Pavillon in Pose, denn ich wusste, dass Asiaten nicht nein sagen können, wenn man sie um einen Gefallen bittet.

»Oh! No problem«, versicherte mir die kleine Dame kichernd.

Sie knipste mich mit ihrem Fotoapparat und überreichte ihn mir dann. Ich nahm den Apparat, wandte mich zum Gehen und lauschte, ob hinter mir Protest einsetzen würde. Aber es blieb still. Offenbar war die Dame zu höflich zum Protestieren und wollte mich lieber mit ihrem Fotoapparat ziehen lassen. Ich beendete das rudimentäre Verhaltensexperiment und überreichte ihr die Kamera: »Sind Sie aus China? Are you Chinese?«

»I'm Hongkong.«

»Congratulations, Glückwunsch.« Ich deutete auf den chinesischen Pavillon und fragte sie nach der Echtheit des chinesischen Teehauses.

Eine meiner Lieblingsbeschäftigungen im Kindesalter war das Lösen eines Rätsels gewesen, das regelmäßig in der *HÖRZU* abgedruckt war, »Original und Fälschung«. Auf den ersten Blick sah man dort zwei identische Reproduktionen ein und desselben Gemäldes. In der zweiten waren allerdings zehn Fehler versteckt, von denen ich regelmäßig neun sehr schnell fand, während die letzte Abweichung oft stundenlange verzweifelte Nachforschungen nach sich zog. Ich fand nie heraus, ob sich möglicherweise überhaupt nur neun Fehler in der Abbildung befanden, und die Behauptung, es seien zehn, dem plumpen Versuch entsprungen war, alle noch nicht dementen Leser dieser Zeitschrift in den Wahnsinn zu treiben. Oder ob das Ganze vielmehr eine pädagogische Finte war, um den Suchenden zu zwingen, sich über viele Stunden mit der akribischen Betrachtung der Details flämischer Meister zu beschäftigen. Diese frühkindliche Erfahrung hat mich so sehr geprägt, dass ich bis heute zwanghaft nach den Differenzen zwischen Original und Fälschung suche, wenn ich mit Plagiaten oder Zwillingen in lachsfarbenen Polohemden konfrontiert werde.

Seit die Chinesen Europa mit einer unüberschaubaren Flut von Plagiaten überschwemmen, schaue ich nur noch selten in die *HÖRZU*. Der Vergleich von zwei Kamera-Akkus ist aus kulturwissenschaftlicher Sicht heute ebenso interessant wie das Vergleichen alter Meister. Nicht immer sind Plagiate schlechter als das Original. Im Gegenteil, schon bei dem erwähnten Bilderrätsel war die »Fälschung« oft eindrucksvoller als das Original. Subtile Auslassungen und kreative Ergänzungen taten dem einen oder anderen kanonischen Meisterwerk durchaus gut.

»Is it a real Chinese Teahouse?«

»Oh, I come from Hongkong.« Meine chinesische Teehausbekanntschaft war eine Meisterin der ausweichenden Antwort. Auf keinen Fall wollte sie die Gefühle des riesigen weißen Teufels verletzen, der da vor ihr stand und sie zu einem Werturteil drängen wollte, das ihr in Anbetracht dieser Teehauskarikatur, vor der wir uns befanden, nicht zustand.

»Ist es ein echtes Hongkong-Chinese Teahouse?«, setzte ich nach.

»Very beautiful teahouse, very beautiful here.«

Hier war kein Weiterkommen. Ich verbeugte mich so gut es ging vor der Dame aus Hongkong und zog mich diskret zurück. Auf der anderen Seite des Pavillons war eine chinesische Reisegruppe eingetroffen, die ein ganzes Blitzlichtgewitter auf den Brandenburger Rokokobau abfeuerte.

»Für was würden Sie das halten?«, fragte ich den Reiseleiter, einen sehr, sehr dünnen, sehr, sehr höflichen Chinesen.

»Die Einflüsse von ganz China, damals nach Europa. Viele, kann man viele sehen, in Versailles, in hier, Park Sanssouci, kann man solche chinesische Gebäude sehen. Ich glaube, das ist von einem deutschen Architekten. Nach selber Denken gemacht«, erklärte der Chinese und setzte ein sphinxhaftes Lächeln auf.

»So echt wie chinesische Restaurants in Deutschland? So echt wie Essen M 12, scharf gewürzt?«, fragte ich.

»Ja, richtig, sehr gutes Beispiel.«

Ich ging weiter um den Pavillon herum und stieß dort auf weitere Chinesen. Der ganze Bau war jetzt von Vertretern der Gelben Gefahr umringt.

Der Sinologe Tilman Spengler hat die in Zentraleuropa kursierende Farbenlehre der Ethnien – nach der Chinesen gelb sind, Afrikaner schwarz, Indianer rot und Weiße weiß – kürzlich einmal zurückverfolgt. Dabei entdeckte er, dass diese aus der Mitte des 18. Jahrhunderts stammende Klassifizierung des schwedischen Naturforschers Carl von Linné ursprünglich weniger an der Hautfarbe als an den Charaktereigenschaften orientiert war, die man den Völkern zuschrieb. Die Chinesen erhielten dabei das Gelb, weil Linné einmal gehört hatte, dass die Menschen jenseits des Urals gute Kaufleute seien. Die der Geschäftstätigkeit zugeordnete Körperflüssigkeit ist seit je die Galle, deren Färbung durch die Stoffe Bilirubin und Biliverdin traditionell ins Grünlich-Gelbe spielt. Wie passend vor diesem Hintergrund, dass Gelb in der politischen Landschaft Deutschlands für die Liberalen steht, zumal unter Guido Westerwelle.

Dann beobachtete ich, wie mehr und mehr Touristen aus dem Reich der Mitte den preußischen Pavillon bestaunten. Ich sprach einen weiteren Chinesen auf das Teehaus an. Der Mann trug eine Brille und sah sehr gebildet aus. Offenbar war er Reiseleiter einer kleinen chinesischen Touristengruppe, die sich schnell um uns herumstellte und unserem gelehrten Disput lauschte. Der Chinese war weniger ausweichend als die Dame aus Hongkong, er hielt es für eine schlechte Kopie, so etwas gebe es nicht in China.

Ich war entsetzt und fragte nach den Unterschieden zu einem richtigen chinesischen Teehaus.

»The material and the colour and everything is quite different. Totally different. There is nothing … Well, the material, the colour, the shape. Most of traditional teahouse is bamboo, and flat, this is more like a Mongolian tent.« Die meisten Teehäuser waren also aus Bambus und flach – und

Kunstfreunde aus aller Herren Länder, aber vor allem die Chinesen fragen sich vor dem Potsdamer Teehaus: »Was zum Teufel soll das eigentlich sein?«

sahen überhaupt ganz anders aus. Die umstehenden Asiaten schauten auf den Pavillon, als hätten sie nie zuvor ein vergoldetes mongolisches Zelt gesehen. Ich fragte den Reiseleiter, ob er es lustig finde.

Der Chinese dachte nach. Seine Freunde daheim fänden das Gebäude sicher interessant, würden ihn aber vermutlich auslachen, wenn er erzählen würde, dass es ein Teehaus darstellen soll.

»Your friends would laugh about this thing?«

»No, they would laugh about me, to telling them that this is a teahouse«, sagte der Chinese und lachte.

»Do you think, Chinese people are world champions of copying other things?«, holte ich ihn auf den Boden der Tatsachen zurück, indem ich ihn auf das chinesische Kopierverhalten ansprach.

»Well, that's a tough question. Obviously in some areas Chinese are. Chinese are also famous of innovation as well. And if you look at in the modern industry, everything is based on the very very basic innovation, coming from China, like the powder, the paper … are all great contribution of Chinese people, and in the meantime, Chinese learned a lot from Western countries in our days.« Chinesen konnten also definitiv gut kopieren. Früher hatten sie selber eine Reihe von Dingen erfunden wie Pistolenpulver oder Papier, und seither lernten sie halt von den westlichen Ländern dazu.

Ein weiterer kleiner Chinese mit Brille kam auf mich zu. Er machte auf mich den Eindruck eines mit allen Wassern gewaschenen Geschäftsmannes, deswegen beschloss ich, aufs Ganze zu gehen.

»Verzeihung, ich würde Ihnen gerne eine Frage stellen. Glauben Sie, dass die Chinesen uns eines Tages plattmachen werden in Deutschland?«

»Kann ich sehr, sehr schwer sagen«, antwortete er. »Aber wir machen eine Projekt in Deutschland, eine Center in Potsdam, ein chinesisches Geschäftsgebäude.«

Dazu wollte er später noch einen Buddha-Park errichten und einen echten chinesischen Pavillon bauen, sofern die Stadt es erlauben würde. Der Chinese lächelte.

»Und glauben Sie«, setzte ich noch einmal an, »dass die Chinesen uns eines Tages plattmachen in Deutschland, in Europa?«

»Ich kann nicht verstehen«, sagte der Chinese, »wie das platt, wie heißt das, Plattform, oder?«

»Plattmachen. Plattmachen ist ...« Ich geriet ins Schwimmen. »Plattmachen ist so ähnlich wie wirtschaftlich übern ...«

»Ah, ja, natürlich!« Seine Miene hellte sich schlagartig auf. »Ja, klar! Wir bauen gerade ein Projekt in Potsdam, ein Shanghai-Business-Center. Ja, wir kaufen eine ehemalige Rote Kaserne, ungefähr 10 000 Quadratmeter, machen wir ein Service-Apartment und bieten wir auch diese Consulting und Büroraum von unser Unternehmen, vielleicht wie eine Plattform ...«

»Von der aus der Rest plattgemacht wird?«, unterbrach ich ihn.

»Ja, ja!«, stimmte er zu und ließ sich kaum bremsen. »Und gegenüber wollen wir ...«

»Keine schöne Sache, das«, warf ich ein.

»Ja, ist gut«, freute sich der Vertreter der Volksrepublik. »Potsdam, die für diese ganzen Potsdam, diese Landschaft, diese Gebäude, die Kultur, die History, historisch, Geschichte ist für uns sehr interessant.«

»Ja, und würden Sie sich wünschen«, sagte ich, »dass wir Ihnen helfen, uns plattzumachen?«

Der chinesische Eroberer dachte kurz nach und strahlte mich an: »Ja, natürlich, vielen Dank.«

Das war ein ermutigendes Gespräch am Ende meiner Wanderung. Die Chinesen waren bereit, Deutschland plattzumachen, und zwar Ost- und Westdeutschland.

Ich war 256 Kilometer gewandert. Erschöpft setzte ich mich auf eine der Eisenketten, die das mongolische Teehaus umgaben. Die Alarmanlage begann zu heulen. Über mir kreiste ein Hubschrauber. Ich blieb einfach sitzen.

Was war das Ergebnis meiner Expedition? Ich hatte einen Bart, stank und brauchte neue Schuhe. Kein schlechtes Ergebnis eigentlich. Gut, andere Expeditionskorps hatten ganze Kontinente oder wenigstens die eine oder andere moskitoverseuchte Insel entdeckt. Viele blieben aber auch schlicht und ergreifend irgendwo verschollen. Ich lebte. Ich drehte mich um. Ein riesiger, komplett vergoldeter Chinese grinste mich an. Ich schaute wieder nach vorn. Ein winzig kleiner in Outdoorkleidung gehüllter Chinese mit einem Fotoapparat in der Hand grinste mich an. Ich begriff. Es ging irgendwie um die ewige Wiederkehr des Immergleichen. Nietzsche. Genau. Nietzsche. Und die Globalisierung. Plötzlich war mir alles klar. Ich musste dringend nach Hause. Ich stemmte mich hoch, lächelte dem Chinesen zu und machte mich auf den Weg zur S-Bahn.

Ich würde ein Buch schreiben, nein, ich würde in die Politik gehen und ein Buch schreiben.

Und vielleicht könnte man die Chinesen einmal fragen, ob sie Lust hätten, eine Kopie der Chinesischen Mauer in Deutschland zu bauen. Ungefähr da, wo vor langer Zeit einmal der Staatsratsvorsitzende Ulbricht eine Mauer gebaut hatte. Nur wegen der Touristen natürlich. Na ja, das war auch nur so eine Idee. Aber immerhin, wenn man dafür eine Mehrheit bekäme?

eye
Heimatkunde
Die DVD zum Buch, überall erhältlich.
Inklusive Bonus-DVD und Booklet!
Heimatkunde
Laufzeit 94 Min. + ca. 70 Min. Bonusmaterial
Bild 16:9
Ton Dt. DD 2.0
Extras nicht verwendete Szenen, Interview mit Martin Sonneborn, Booklet
EAN 7640105237050
www.eye-see-movies.com
DVD VIDEO